Z
2123.
B.

LES BIGARRVRES DV SEIGNEVR DES ACCORDZ.

Tel fera la nique à ce liure
Voyant ce mot de Bigarrure,
Que le lisant paraduenture
Dira qu'il est digne de viure.

A PARIS.

Chez Iehan Richer, demeurant Ruë sainct Iehan de Latran, à l'enseigne de l'Arbre verdoyant,

M. D. LXXXIII.

PREFACE DV
Seigneur des
Accords.

NCOR que ce soit vne façon ordinaire presque à tous ceux qui exposent quelque œuure en lumiere de choisir vn certain personnage à fin de luy dedier, & sous sa faueur, comme ils dient, marcher plus hardimét en public. Ou d'adresser quelque aduertissement au Lecteur, qu'ils amadoüent d'infinis epithetes flatereaux, le prians qu'il recoiue gracieusement & d'vn bon œil, les matieres selon qu'elles sont par eux traictees, auec excuses que s'il y a quelques fautes elles sont sur

â ij

PREFACE

uenues à cause de la grandeur & difficulté du subiect par eux traicté ou bien par inaduertence: & qu'il y en ait d'autres plus tendres de cerueau, qui preuiennent auec iniures & menaces ceux qui voudront reprendre leurs escrits, ou bien se bastissent par imagination de vaines raisons, qu'on leur peut ce leur semble obiecter, & puys les ayās rabatues selon leurs fantasies, chantent eux mesmes le triumphe de leur victoire: estimans comme ils se persuadent, que l'authorité des premiers empeschera qu'on ne les ose attaquer: Que les lecteurs ainsi emmielez de leurs flatteries excuseront leurs fautes, & que intimidez de leurs grosses menaces, ils craindront de les offencer. Ie n'ay voulu toutesfois estre imitateur de telles façons de faire, que i'ay de tout temps estimé vaines & ridicules, & croy que plusieurs, s'ils veulent prendre la peine de les considerer, seront de mon aduis. Car (pour en parler librement) quelle asseurance peut estre de bon recueil, & de faueur enuers la pluspart deceux ausquels tels liures sont dediez? veu que s'ils sont grands seigneurs, ils n'auront seulement loisir d'en veoir le tiltre, & ne daigneront les regarder que par la couuerture si elle est belle & bien doree: car

PRÉFACE

la plus-part prent bien plus grand plaisir d'ouyr discourir de leurs affaires, & entendre quelque moyen pour hausser leur reuenu, que de veoir tels discours, qu'ils estimét entre eux des briguefaueurs, ou attrapedeniers: encor que la faueur ne soit que d'vn branslement de teste, & de l'autre poinct riē du tout. Quant à la protection dont ils se veulent preualoir, ie ne sçay surquoy ils la fondent, veu que la plus-part notoirement sont ignares, n'ayās autre doctrine que leur richesse. Mais quand bien ils seroient sçauās comme il aduient quelquefois, que se soucient ils de se rompre la teste pour defendre celuy qui sans consideration les en prie? I'ay beaucoup veu de reprehensions sur des liures, mais ie n'ay point de souuenance d'auoir veu aucun auquel ils fussent dediez qui s'en soit remué ny soucié. Quāt aux flateurs, estiment ils les personnes si graues, que de se laisser corrompre par leur langage macquereau & sottes excuses? Riē moins, les bons esprits veulent estre payez en monnoye de bon alloy, & ne laissent pour tout cela si l'autheur le merite de luy dōner vne attainte. Car quelle excuse merite celuy, qui de certaine science & propos deliberé, commet vn acte duquel il peut recep-

PRÉFACE

uoir honte? Qui eſt ce qui le contrainct d'y iecter en public ſon erreur, puiſ-que il eſtoit en ſa puiſſance, celant l'imperfection de ſon labeur, d'oſter toute occaſion de mocquerie. Moins ſert ceſte façon d'vſer d'iniures à l'encontre de ceux qu'ils preſument deuoir eſtre reprehenſeurs de leurs eſcrits: Car outre ce que cela ſent ſa ceruelle eſuentee, & trop grande preſomption de ſoy meſme, pour ſe vouloir rendre exempt de reprehenſió, l'on ſe mocque de tels iniurieurs qu'on laiſſe crier auec l'anguille de Melun, auant qu'on les eſcorche: Et Dieu ſçait de quelle ſorte on leur laue les teſtes, quand on voit leurs belles raiſons ſi bien rabatues qu'il eſt aiſé à veoir que ce ſont fantoſmes ſi drolatiques, qu'autres qu'eux meſmes ne voudroiét prédre la peine de les abiecter & reſoudre. D'autres y a encor qui ſe plaiſent par vn long diſcours de faire oſtentation de leur bien dire, & monſtrer comme ils ſçauét Amadigauliſer, rempliſſant vne page entiere de ce qui ſe pourroit eſcrire en deux lignes, qui faict que le lecteur impatiét de telles lógueurs, apres auoir baaillé trois ou quatre fois, iecte en fin par terre le liure, & baille au diable vn ſi grand babillard d'autheur Mais i'ay grand peur que ce pendant que ie

PREFACE.

parle des autres, ie ne tombe moy-mesme en faute, & qu'on ne die que ie vueille faire le Roy des Reprenards sans aduiser à ce liure si subiet à reprehensiõ qu'il n'y aura pas iusques aux petits grimelins qui ne se meslét d'en faire vne affixe au College. Or en vn mot ie fais declaration que ie mets ce liure hors de ma maison & l'expose en public, selon la loy de ceux qui vont en masque, sçauoir pour recepuoir patiemment tous brocards, iniures & risees, sans replicquer ny me faire cognoistre. T'asseurant de ma part que ie ne treuueray point estrange si quelqu'vn daigne prendre la peine de taxer & reprendre mes escrits: Veu que c'est & doibt estre vn hazard commun à tous ceux qui mettent leurs œuures en lumiere. Car sans autres infinies fautes qui se treuueront par aduenture à reprendre, ie ne fay point de doubte que la pluspart des matieres contenues en diuers chapitres ne soient aggreables aux vns, & desagreables aux autres. Mais ie conseille à chacun de choisir seulement ce qui luy viendra à grè, & laisser le surplus, se persuadant que ie luy dedie seulement cela: que si ils se formalisent pour le surplus, & alleguent que c'est autant de téps perdu que de le lire, sans me fonder plus a-

PREFACE.

uant en raison, & pour les contenter, ie veux bien qu'ils croyent que ie suis de mesme opinió. Aussi n'y ay ie employé autresheures, que celles que plusieurs de mon eage, ordinairement employent à la paume, cartes, & dez, sans entendre de ceux qui emploiét le iour & la nuict. Et en vn mot, ce liure n'est autre chose qu'vne superfluité de mon esprit, que i'ay autresfois permis s'esgayer en ces follastres discours. Si tu me crois, tu feras de mesme, & n'employeras à la lecture d'icelluy que les heures à demy perdues, & faulte de meilleure occupation. La parade du tiltre n'est pas telle que tu ne puisse aisement descouurir par iceluy le merite du subiect. Il est baptisé par ce nom de Bigarrures, qui donne assez à cognoistre, que ce sont diuerses matieres, & sans grande curiosité ramassees. Ie l'ay mieux aymé surnommer ainsi, que de pescher autre nom plus superbe entre les Grecs & Latins, comme fót plusieurs qui veulent acquerir reputation d'estre bien sages en Grec & Latin, & grans sots en Francois, pour aller comme coquins emprunter des bribes estrangeres & ne sçauoir dequoy treuuer à viure en leur pays. Aussi aduient souuent que quand on void ces superbes tiltres, façonnez de mots en-

PREFACE.

flez du tout inusitez extiques, & qui feroiēt peur aux petits enfans, l'on demande ordinairement où sont les liures de ces tilttes. Ie ne me suis non plus affecté à rechercher curieusement les authoritez de beaucoup d'autheurs, & moins de ces abstrus & loups garoux, Comme sont les Docteurs d'Espaigne, d'Italie, & du Comté de Bourgongne, qui negligent le beau texte des Pandectes, pour alleguer en vne page, vingt ou trente des plus enfumez Docteurs de leurs estudes. Encor que pour ce regard, ie ne seray agreable à nos modernes, qui pour le moindre axiome qui se presente, debagollent dix ou douze authoritez, & les Iurisconsultes pour vne vulgaire regle de droict, sept ou huict loix comme chiens courans, tesmoin l'epistre que i'insereray cy apres d'vn estudiant à son Pere: car ie me contente d'vne bonne & solide raison si ie la treuue, & ne me soucie point par qui elle soit alleguee. A ceste occasion ie n'ay point faict quelque fois de difficulté d'alleguer vne bonne commere si elle a parlé bien à propos comme Mere Pintette, Tante Chopine, Dame Iaquette, Caquillon, la sage femme qui racoustre le pucellage, & autres. A l'exemple du diuin Socrates pere des Philosophes

PREFACE.

qui difoit n'auoir point de hôte, d'eſtre enſeigné par vne vieille. Or il ſuffira pour ceſte heure, Car ie voy bien que tu t'ennuyes d'vn ſi long prologue, Auſſi fay ie bien moy de plus auant conteſter. A Dieu donc ſi tu le merite & te contente de ce ſalut. Car c'eſt la vraye priere que tu pourrois faire pour toy-meſme, comme dit le Philoſophe Apollonius dans Theophraſte.

A tous Accords.

ANDRE PASQVET
au lecteur. S.

IL y a enuiron quatre ans qu'il tūba entre mes mains vne partie de ce liure intitulé Bigarrures que l'on enuoyoit à Paris pour imprimer, duquel ie fis faire à la haste vne copie assez mal escripte & encor plus mal orthographiee presageant à peu prez ce qui est aduenu despuis d'icelluy: Car il fut aussi tost retiré par l'autheur sous vne honneste excuse qu'il y vouloit changer, adiouster & diminuer, encor que ce fut

AV LECTEVR.

comme i'ay certainement cogneu pour en fruſtrer le public & en ioyr ſeul en ſa maiſon, car deſpuis il n'en ha iamais eſcrit ſinon par deffaictes & lõgueurs affectees, iuſques dernierement qu'il declara au libraire tout ouuertement, que l'eage, le temps & ſa profeſſion luy auoyent faict changer d'humeur & de volunté & qu'il luy feroit mal ſeant d'aduouer ce qu'il auoit fait en ſes premiers ans & verdeurs de follaſtre ieuneſſe, ayant à grand peine accomply dixhuict ans, & qu'apres qu'il auroit donné preuue de ſa ſuffiſance en quelque braue & docte ſubiet il aduiſeroit de ne point eſtouffer ſes petits enfans naturels & illegitimes conceus hors mariage, car ainſi nommoit il ſes ſix liures, du moins les qua-

tre, cinq & sixiesme: De sorte que i'ay
cogneu appertement que c'estoit vne
excuse recerchee pour nous entretenir,
qui m'a occasionné de mettre en lumiere, ce que i'en auois de copie auec
des libres adionctions, des mots tant
salles & lubriques que vous pourriez
dire: car encor que l'autheur ayt voulu auoir esgard aux chastes aureilles,
& sciemment obmettre plusieurs propos, si est ce que luy ayant ouy dire à
luy mesme que c'estoit ipsum cuira-
re Priapum, & qu'il y auoit infinis
beaux traicts qui perdoyet leur grace
sans ceste liberté, i'ay mieux aymé suiure sa conceptiõ que son Conseil, il me
pardonnera si ie sonde si auant ce qu'il
a dans le cœur, & prendray pour ma
deffence enuers luy ce vers de Catulle:

AV LECTEVR.

Castum esse pium Poetam
Ipsum, versiculos nihil necesse est.
Qui tum denique habent salem
  & leporem,
Si sunt molliculi & parum pudi-
  ci.

Et oseray bien dire que tant s'en faut que cela offence personne (horsmis les hypocrites) qu'au contraire cela seruira à la ieunesse d'aduertissement de ne se pas tant amuser à ses recherches curieuses, puisque elle les verra icy toutes apprestees, & en telle quantité que l'abondance leur engendrera vn desgoust qui les occasionnera de mettre le nez aux bons liures & lire choses dont ils pourront retirer du fruict. Car ie suis ferme en ceste opinion que la multitude & facilité

AV LECTEVR

grande des liures que nous auons auiourd'huy abastardissent les esprits de rechercher, quant ils s'estiment asseurez d'auoir des recueils qui leur enseignent où gist le lieure, & où sont les viandes toutes maschees prestes à aualler quant ils en ont affaire. Quant à la lasciueté ie ne puis penser qu'elle les puisse tant offencer que les Priapees de Virgile, Epigrammes de Catulle, Amours d'Ouide, Comedies de Terence: & brief tout ce qui est de plus beau & rare en l'antiquité, que on leur propose, côme choses serieuses & à imiter, deuant les yeux: au lieu que les lasciuetez icy raportees representent follastrement ce qui y est, comme vne chose legere & de peu d'effect: Du surplus il n'y a rien que curieux, gen-

AV LECTEVR

til & ingenieux en ce liure. Et ne se deburoit pas, à mon aduis, l'autheur se cacher soubs ombre qu'il estime le subiect si leger. Car les plus grãds personnages se sont bien amusez à traicter des friuolles & legeres matieres: Comme Homere la guerre des rats & des grenouilles.

Hesiode la maulue & l'Aphrodile.

Virgile les mouches, le moucheron & les priapeies, encor qu'aucuns en facent vn autre autheur.

Ouide la puce & le noyer.

Lucian la mousche.

Phauorin les fiebures quartes

Synesius la chauueté.

Erasme la folie.

Pikemerus la goute.

Glaucus l'iniustice.

Cardan

AV LECTEVR

Cardan les louanges de Neron.

L'autheur des Macaroniques son œuure Italien Latin.

L'inimitable Rabelais son Gargătua & Pantagruel.

Ie pourroy mettre en general toutes les amours de nos Poetes François, mais ie me restrindray de dire que ce grand Ronsard aux louanges de la fourmy, de la grenoille & du frelon.

Et Belleau sur la cerise, la tortue & autres, voire vn peu auant son decez il fit ce gentil Macaronique De Pigliamine rustrorum.

Il n'y a que deux iours que plusieurs sçauans Aduocats ont recherché les pulces de mes Damoyselles des Roches sur lesquelles pour m'estre si bien rencontré ie me reposeray & dõneray au
ẽ

AV LECTEVR.

diance ou seigneur des Accords, qui ne sera pas aussi marry, de ce que ie fay r'imprimer 30. Sonnets, qu'il mit en lumiere, il y a dix ans passez, & le prie que cela l'excite à nous faire part du reste.

P. ROB. I.C. IN LI-BRVM VARIORVM Accordij.

At vos qui tragico toties repetita co-
thurno
Pulpita pellegitis seu vos infanda Thyeste
Cœna, vel amisso Cornelia mæsta marito,
Flamma vel irata non restinguenda no-
uerca
Detinet attentas huc huc aduertite mentes.
    Vos quoque qui miseri spe præfulgente
lucelli
Bartholeas versatis opes, & quicquid Iason
Balbutit immēsos auri dum iactat acernos,
Colchicaq; argolicis promittit vellera remis.
    Desinite insano nimium indulgere labori
Et tormenta crucis diuina adfigere menti.
    Non se tam varijs pingit natura figuris
Non se tam varios in flores terra resoluit
Fœcundos adaperta sinus per tempora veris.

Quàm varias rerũ species Accordius atque
Luminib⁹ distincta nouis emblemata miscet.
si quisquam hic tragicas ausit conferre que-
  relas,
Raucida doctorum vel quæ farrago reponit
Antyciram petat & fragili vasta æquora
  lembo.

τάχ' ἄυριον ἔσετ' ἄμεινον.

T. I.
Au Seigneur des Accords.

DEs Accords tes Bigarrures
Ressemblent les pourtraictures
Des paisages plaisans
Que font les painctres Flamans:
Dans lesquels d'vn traict fertile
Là ils peignent vne ville,
Là vn champ, là vn desert,
Vne Forest vn champ verd,
Des riuieres, des fontaines,
Et des montagnes loingtaines,
Cà & là de grands troupeaux
Et d'hommes & d'animaux.
Le tout par Mathematique
Bien reduit selon l'Optique,
Au subiect d'vn petit poinct
Qui les fait paroistre loing.

Se monstrant à nostre veue,
Comme si deans vne nue,
Nous regardions dez la haut
Ce grand terrestre eschaffaut,
Qui fait que l'œil se contente
De varieté plaisante
En chasque endroit retreuuant
Tousiours du contentement.
Ton liure est du tout semblable
De tous endroicts aggreable.

TABLE DES CHAPITRES.

Des lettres, vtilité, & inuention d'icelles. fueil. 1
Des Rebus de Picardie. 8.
Autres façons de Rebus de Picardie par lettres,
    Chiffres, notes. 17.
Des AEquiuoques François. 28
Des AEquiuoques Latin-françois 46
Des AEquiuoques doubles. 54
Des Amphibologies ou entendtrois. 56
Des Antistrophes, rencontres ou contrepeteries. 82
Des Anagrammatismes ou Anagrammes. 90
Des vers retrogrades par lettres & mots. 100
Des allusions. 103
Des vers numeraux. 104
Des vers rapportez. 130
Des Paronoemes ou vers lettrizez. 135
Des Acrostiches. 138
De l'Echo. 143
Des vers leonins. 149
Des vers couppez. 159
Descriptions poetiques. 163
Autres sortes de vers follastrement & ingenieu-
    sement practiquez. 171
Des Notes. 185
Des Epitaphes. 201

Fin de la Table.

PREMIER LIVRE DES BIGARrures du Seigneur des Accords.

De l'invention & vtilité des lettres

CHAPITRE I.

NTRE les plus belles & necessaires inuentions que les hommes ayent iamais trouué, ie croy que personne ne nyera, que les lettres n'obtiennent l'vn des premiers lieux. Et n'estoit l'vsage frequent qui

A

DE L'INVENTION

nous en oste l'admiration, nous estimerions ses effets de grands miracles. N'est-ce pas vne chose estrãge, & quasi hors de la conception des hommes, que par les caracteres des lettres vn homme seul, a pouuoir de faire entendre ses conceptions à plus de cent mil personnes eslongnees & absentes les vnes des autres? que par icelles nous voyons representez comme en vn miroir, tous les gestes des anciens Capitaines, doctrine des sçauans personnages? Bref qu'elles nous donnent la cognoissance de tous les arts qui font l'homme deuenir vray homme. Ie n'allegueray la necessité des contracts, à cause de l'imbecillité de nostre memoire & infidelité des hommes, ny tout ce qu'vn homme de loisir en pourroit dechiffrer. Car c'est chose trop notoire que les lettres d'elles mesmes se louent assez, & ne peut personne ignorer ses louanges sinon les ignares, qui sont indignes de les sçauoir, pour ceste raison ie ne m'espancheray pas plus auant sur icelle, & me contenteray de toucher ses inuenteurs, à fin de remercier ceux, par le moyé desquels ie parleray auec toy quiconques tu sois qui voudras prendre la peine de lire icy dedans. Leur origine donc est attribuee par les autheurs ethniques diuersement. Les vns dient que Memnon les trouua premierement en Ægypte, autres accordent du lieu, mais asseurent que Mercure en fut l'autheur. Platô encor en attribue l'inuention à vn nommé Thetas, autres dient qu'elles furent trouuces en Æthiopie: Plusieurs encor maintienent tantost que les Phœniciens furent les vrays inuenteurs, tantost les Phrygiés, Syriens, & Assyriés. Esquelles diuersitez, il est impossible de recognoistre la verité. Il est beaucoup plus vray semblable, selon l'opinion de Iosephe que

A ii

Loth en ait esté l'inuenteur, & pense
qu'il ne faut faire doute que les premieres lettres, comme aussi le premier langage, ne fussent Hebrayques,
Dequoy nous rend vn tres-certain &
asseuré tesmoignage la continuation
de leur histoire és liures de la Bible. Et
mesmes les Payens se confondans de
leurs propres raisons semblent le confirmer. Car touchant les Phœniciens,
Syriens, Assyriens ce sont nations de
langage Hebraique, qui fait presumer
qu'ils ayent receu leurs caracteres des
Hebreux: de sorte que par leur mutuel
le communication, ils ont peu appré-
dre d'eux la façõ d'escrire, & apres les
Phœniciens l'ont appris des Egyptiés.
Puis Cadmus prit l'vsage des Phœniciens, & les transporta aux Grecs, auec
diuersité de caracteres, en apres elles
sont venues aux Latins, & consecuti-
uement aux autres nations. Ce qui cõ-
firme encor l'authorité des lettres He-

braiques, c'est vne raison amenee par Postel. Sçauoir que quasi tous les characteres des autres nations, sont pris des vrayes lettres Hebraiques que d'vn nom particulier il appelle SAMARITAINES. Comme on peut voir apertemét qui les voudra exposer deuant vn miroir, n'y ayant autre difference (ou ses caracteres sont menteurs) sinon que la plus part d'icelles lettres sont escrites de la dextre à la gauche, & cóme seulement renuersees des autres qui s'escriuent de la gauche tirant à la dextre. Sur ce propos il me souuient d'vne dispute suruenue en Auignon, entre certains doctes personnages, & vn Iuif Medecin, touchant la vraye & naifue escripture. Ce Iuif maintenoit que leur escripture cóme plus approchant du mouuement naturel de l'hóme, estoit plus excellente que les nostres Grecques ny Latines, & prenoit la consideration sur toutes les actions de la main, qui se font dans la cõcauité, quasi pour la defense du corps. Ce que l'on apperçoit en vn qui mange, veut donner vn soufflet, frappe d'vn baston, tire vn coup d'espee, & que nostre façon contre le mouuement ordinaire de l'homme, ressembloit à vn reuers. De ma part y ayant bien pensé, ie ne trouue rien qui nous fauorise que l'vsage. Tellement que les Hebrieux pour preuue de leur antiquité, ont l'vsage, la presumption, l'authorité, & la raison. Ie n'omettray ce que Iosephe rapporte de deux colomnes d'excessiue grosseur, qu'il dict qui se trouuoient de son temps insculpee de lettres Hebraiques que l'on tenoit generalemẽt auoir esté auant le general Cataclisme aduenu du temps de Noë. Il faut donc conclure que les Hebrieux sont les vrays & seuls autheurs: & combié que la diuersité des caracteres des autres nations ne seroit pas tiree des leurs, si ne dõne ie pas grand louange à ceux qui les ont inuentees, veu que vn homme de loisir sans grand trauail, peut composer vn, voires plusieurs alphabets à sa fantasie. Ceux qui se meslent de faire des Chiffres, dont ie parleray cy apres, le monstrent euidemment: de sorte que ie ne me puis tenir de rire d'vn certain qui disoit vouloir rendre raison de la forme des lettres, voulant epiloguer sur ce que curieusement Marcianus Capella in philologia a voulu tenter apres quelques anciens, comme Terentianus Maurus, & apres luy Ramus, & disoit que A estoit large au dessoubs, pour ce que le prononceant on eslargissoit la bouche. O, tout rond pour ce que le nommant, on le mettoit quasi de ceste façon. Q. pource qu'il ressemble au cul duquel sort de l'ordure. Il deuoit dire L, apres en forme d'vn nez. Ie te laisse à penser combien de grimaces il luy falloit fai-

A iiij

re pour trouuer le reste. Il se faut donc contenter que telle a esté la fantasie de ceux qui premierement ont doné nos caracteres, qu'ils les ont faict à plaisir: Mais qu'estans vne fois passez par l'vsage d'vne nation, ils doiuent seruir de loy inuiolable, sans qu'il soit loisible de les changer. Toute la difficulté des lettres a consisté, selon mon aduis de reduire & asseruir tous les mots du monde en si petit nombre de lettres, comme les Latins & natiós de la Chrestienté, en dixsept seulement, desquelles encores qui voudroit simplement vser on se pourroit seruir, sçauoir cinq voielles, a, e, i, o, u, & douze consones, b, c, d, f, g, l, m, n, p, r, s, t. Car quant à H. ce n'est qu'vne aspiration, K se peut resoudre par C, le prononceant deuant E & I, comme l'on faict deuát, a, o, u, à la forme du Coph des Hebreux. De Q tu en peux dire le mesme. Touchant X, & Z, sont plustost abreuiatiós de lettres que lettres: X vaut cs, Z vaut ſſ, Y, qu'on nóme y grec porte ſa marque & enſeigne, & ſe faict cognoiſtre ne ſeruir en latin que pour vn mot de ſon pays non plus qu'en François. Il eſt vray que par trop grande obſcurité que pourroit engendrer noſtre I, commun en l'eſcriture courante, a eſté cauſe que nos practiciens François en vſent à la fin de chacune diction qui ſe deuroit finir par i. conformement à ce que deſſus Ariſtote aſſeure qu'il n'y auoit iadis entre les Grecs que dixſept lettres, Pline dict que ſeize. Mais comme c'eſt la beauté d'vne langue que la diuerſité des Idiomes, & caracteres, chacun ſ'eſt efforcé de l'embellir, comme Palamedes qui y adiouſta trois lettres θ φ χ & Appius Claudius qui trouua R Latine, comme dit Caius le iuriſconſ. de noſtre temps: quelques vns ſe ſont voulu efforcer d'en innouer en l'eſcripture françoiſe, l'authorité desquels est trop petite, & les raisons trop foibles, pour se faire croire, & quant cela se pourroit faire, ce que ie n'accorderay iamais, si est ce que pour l'interest du public il ne se deuroit souffrir. Car il aduiendroit que d'icy à cent ans, il ne se trouueroit plus personne qui peust lire toutes nos escritures, ny protocolles des notaires, & par vne pernicieuse consequence on leur feroit à croire qu'ils auroient escrit des mots où iamais n'auroient pensé. Mais ie suis hors de peine de combatre ces *noueaos ècriturs*, puisque leurs conceptions sont seulement par Idees & comme songes de malades. Pour mettre fin à ce chapitre, i'auoy deliberé de rapporter la diuersité de plusieurs caracteres qui sont auiourd'huy en vsage, mais craignant d'estre trop long, ie te renuoye au petit liuret de Postel *de phœnicum literis*, & ses tables *de diuersis characteribus* : comme aussi tu pourras veoir *Olaum Gothum in historia septentrionali.* Et ce afin que tu ne sois deceu de mesme erreur que Volaterran, lequel ayant trouué des vieilles lettres Gothiques en des ruines estimoit que c'estoit des anciennes Toscanes, desquelles on escriuoit du temps de la mere D'euander. Mais s'il eust veu l'alphabet des Goths, il ne les eust pas rapporté à la louange d'Italie, & d'iceux faict si grand parade, encor qu'il ne se soit de gueres equiuoqué. Car il est certain que les Italiens d'auiourd'huy sont race des Goths & barbares, & leur langage n'est autre chose, que la corruption Latino-gothisee du langage Romain. Non point que pour cela ie vueille reuoquer en doute la beauté de leur langue que pleust à Dieu qu'ils eussent les ames aussi belles & nettes. Or reuenant à noz moutons, ie vay conclure par ce beau vers trouué en la Bibliotheque Septimane,

DE L'INVENTION

Moses primus Hebraicas exarauit literas
Mente Phœnices sagaci condiderunt Atti-
   cas,
Quas Latini scriptitamus, dedit Nicostrata,
Abrahã Syras, & idem reperit Chaldaicas
Isis arte non minore protulit Ægyptias,
Walphila prompsit Getarum quas videmus
   vltimas.

Lesquels vers i'ay ainsi mis en Frāçois, à fin que chacun les peust facilement entendre.

Moyse fut auteur des lettres Hebraiques,
Et les Phœniciens trouuerent les Attiques.
Nicostrate forma la nostre Italienne,
Abraham la Caldee, aussi la Syrienne.
Isis celle d' Ægypte, & à la fin walphille
Trouua parmy les Goths sa lettre difficile.

Ie n'ay poinct faict mention expressement des Hyeroglyphiques, pour ce que ie les reserue en vn autre lieu à part, non comme simples lettres, mais comme emblemes & deuises, encore que ie scache bien que plusieurs

sçauans personnages estiment, que ces
soyent les premieres & plus anciennes
lettres.

DES REBVS DE Picardie.

Vr toutes les follastres inuentiõs du temps passé, i'entens depuis enuirõ trois ou quatre cens ans en ça, on auoit trouué vne façon de deuise par seules peinctures qu'on souloit appeller des Rebus, laquelle se pourroit ainsi definir, Que ce sont peinctures de diuerses choses ordinairemẽt cognues, lesquelles proferees de suite sans article font vn certain lãgage: ou plus briefuement, Que ce sont æquiuoques de la peincture à la parolle. Est ce pas dommage d'auoir surnommé vne si spirituelle inuention de ce mot Rebus? qui est ge-

DES REBVS DE

neral à toutes choses, & lequel signifie des choses? Encor pensay-ie qu'on
les a nommé en latin faute de meilleur
terme, & affin que les nommant selon
le mot François, des choses, cela ne
sembla trop general en nostre langue.
Quant au surnom qu'on leur a donné
de Picardie, c'est à raison de ce que les
Picards sur tous les François s'y sont
infiniment pleus & delectez, ce que
tesmoigne Marot en son coq à l'asne.

Car en Rebus de Picardie
Vne faulx, vne estrille, vn veau,
Cela faict, estrille fauueau.

Et peut on dire à ceste raison qu'on
les a baptisé du nom de ceste nation
par antonomasie, ainsi que l'on dit
Bayonnettes de Bayonne, Ciseaux de
Tholose, Ganiuets de Moulins, Cou-
teaux de Lengres, Pignes de Limoux,
Moustarde de Dijon &c: Or ces subtilitez ont esté de long temps en vogue,
& non de moindre reputation que
les

les Hyerogliphiques des Ægyptiens enuers nous, de sorte qu'il n'estoit pas fils de bonne mere qui ne s'en mesloit: Mais depuis que les bonnes lettres ont eu bruit en France, cela s'est ie ne sçay comment perdu, qu'à grand peine la memoire en est elle demeuree pour en faire estime, sinõ enuers quelques ceruelles à double rebras, qui en sont encor auiourd'huy si opiniastres qu'on ne leur sçauroit oster de la teste qu'vne Sphere ne signifie i'espere: vn lict sans ciel, vn licentié: lancholie, Melancholie: la Lune bicorne, pour viure en croissant: vn banc rompu, pour banqueroute: Vne S fermee auec vn traict ainsi.

S

Pour dire fermesse au lieu de fermeté, Et autres, dont les vieux courtisans faisoient parade, selon que tesmoigne

B

Rebelais lib. 1. cap. 19. qui s'en mocque plaisamment: comme aussi a faict le grand discoureur de fables Paule Ioue en son traicté des deuises qui monstre comme les Italiens en ont aussi bien faict leurs sottes subtilitez que noz François: & en rapporte quelques exemples, desquels i'ay recueilly ces quatre suiuans.

Vn amant, dit-il, la maistresse duquel auquel auoit nom *Caterina*, exprimoit ainsi son nõ pour le porter tousiours sur luy: c'estoit qu'au milieu de sa chesne ou *catena* il y auoit vn Roy de deniers, tel qu'on les peint aux cartes de Taraut, qu'on appelle *Ry* en langue Bolonnoise, voulant dire en outre que sa *Caterina* valoit tous les deniers du monde. L'inuention grasse de ce Messer consistoit en ce qu'il n'appelloit l'vn des costez de sa chesne que *Ca e* & l'autre faisoit *na*, qu'est la derniere syllabe de *Catena*: au millieu de laquelle estoit-ce *Ry* ou Roy en François.

Vn coüard de Lombardie, la maistresse duquel auoit nom *Geouanella*, portoit vn ioug qui s'appelle en son patois *Gioue* pour *Giogo*, & deux anneaux en Italien *Annella* : estoit-ce pas trouuer s'amie ingenieusement, & la porter auec luy sans enchantement.

Vn Florentin amoureux d'vne *Barbara*, portoit sa barbe longue, qui signifioit *Barba*, & vne demie grenouille, sçauoir la teste & les deux pieds deuant, pour dire que ce n'estoit que la premiere syllabe de *Rana* : il eust plus gaigné de porter sa barbe raze à demy, car cela eust faict *barbaraza*.

Vn autre *Senatore Venatiano*, portoit à l'endroit du cœur vne semelle de soulier auec vn T. au milieu & vne perle, pour dire, *Margareta te sola di cor amo*.

Le Pape Clement interrogeant son maistre d'Hostel pourquoy il portoit la Pétecouste entaillee en vne medail-

B ij

le, il luy fit responce: *per che il mio amore mi pente & mi coste*, c'est à dire, pource qu'il se repentoit de ses amours, & que elles luy coustoient beaucoup. l'effigie de sainct Mathurin luy eust esté aussi propre pour le guerir de sa maladie.

Ce compte suiuant m'a esté faict par Messer Paulo Marchio, d'vn Nunce du Pape Adrian, qui portoit trois diamans enchassez fort pres l'vn de l'autre en vn pendant fait en forme de cercle, & quelqu'vn luy ayant remonstré qu'ils eussent eu meilleur grace auec vn plus large espace, il respondit auec vn sourcil merueilleusement seuere, que c'estoit vne mystique deuise de grande consideration, sçauoir, *Tre diamante in vno* (circulo subaudi) qui signifioit, *Tre Di amante in vno*, & qu'il aimoit trois Dieux en vn : quelqu'vn d'autre nation que la sienne n'eut eu garde de l'interpreter.

Or laissant là les Italiens, car on se

passera bien d'en veoir d'auantage, ie viendray à noz François, & commenceray à l'interpretation de l'anneau qu'enuoya vne dame de Paris à Pantagruel, auquel estoient escrits ces mots en Hebrieu *Lama sabacthani*, & y auoit au chaton vn faux diament, qui fut ainsi declaré par Panurge. Diamāt faux, pourquoy m'as tu laissé? car les mots Hebreux signifient pourquoy m'as, &c.

Auāt que passer outre ie t'aduertiray que les François se sont tellemēt pleus à ces rebus, que qui voudroit prendre la peine de les ramasser, il y auroit assez de papier pour charger dix mulets. I'en rapporteray donc quelques particuliers exemples que i'ay ramassé, plustost pour rire que pour goust que i'y treuue, ny que ie conseille de s'y amuser sinon à quelques gens de bien de loisir au lieu de bransler leurs iambes, comme font ceux qui les recherchent pour passetemps : Car quant à ceux qui penseroient estre veuz iugenieux & sçauans en si friuoles recherches, ie les estime dignes de chercher toute leur vie des epingles rouillees parmy les ruës à l'endroit des goutieres.

Ie vay donc commencer à ce que i'ay remarqué, & premierement aux enseignes de Paris, car ce sont Rebus equiuoquants sur le langage vsité en icelle, lequel comme tesmoigne Glaream de opt. Lat. Græcique serm. pronunt. attribué par aucūs à Erasme, abhorre les R R, & ne la prononce sinon à demy au lieu de s. comme Ierus Masia.

La premiere deuant le logis d'vn inuitateur pour les morts est ainsi.

Vn os, vn sol tout neuf, des poullets

morts, autrement trespassez, qui se pronunce selon leur dialecte, os sols neufs poullets trespassez, c'est à dire, aux sonneurs pour les trespassez. Son voisin le reprenant disoit qu'il deuoit peindre de ces trinqueballeurs de cloche qui portent vne robbe courte d'audience allans par les ruës de Paris.

Selon le mesme dialecte on a faict ceste d'vn soldat qui appareille vne poulle, & y a au dessouz, au compagnon pour la pareille.

Vn os, vn bouc, vn duc, vn monde, sont peins, pour dire, au bout du monde.

Aux babillards, par vn homme qui bat des billards.

A la place Maubert est celle cy, au point d'or, & moins d'argent : rapportee par vn poing doré & vne main argentee.

A Bar sur Seine vn chat d'argent denote vn friant d'argent.

B iiij

Aux Chaſſieux, par des chats qui ſient vn plot de bois, quaſi, aux chats ſieurs.

Vn hoſtelier de ces gros chardeys de la Franchicomta, à l'imitation des Pariſiens ayant ouy parlé des Polonois, fit peindre en ſon enſeigne tauerniere des poullets, qu'on appelle poullots en ſon baragouinage, de noire couleur, auec le mot, Aux Poulonnois.

Sur la porte d'vn cloiſtre de certaine Abbaye eſtoit ceſte peincture qui me ſembla fort eſtrange, c'eſtoit vn Abbé mort au milieu d'vn pré ayāt le cul deſcouuert, duquel ſortoit vn lys, fleur aſſez cognue: Apres auoir reuaſſé que cela vouloit dire, le ſecretain du lieu qui en faiſoit grand cas, & le reputoit vn excellent Enigme, me vint dire en l'oreille par vne faueur speciale, que c'eſtoit vne belle ſentence compoſée d'vn rebus Latin & François.

Abbé mort en pré, au cul lis.

DE PICARDIE 13

Habe mortem præ oculis.

Ie luy dis en riant que ce rebus estoit assez gentil, mais que la peinture n'estoit gueres honneste, & qu'elle eust esté plus conuenable si au lieu de ce lis on y eut mis le nez de ce secretain, qui estoit à pompettes, dont il ne fit que rire, car il estoit bon compagnon, poulle appareille, & leuraut appreste auec bon vin, dont il nous dōna à disner: la figure estoit telle.

L'on figure vn homme agenouillé, qui tient sur sa main vn I, de verte couleur, pour dire, Vn grand I vert main d'homme à genouil porte, c'est à dire, Vn grand hyuer maint dommage nous porte.

Deuant la porte d'vn vieil marié qui

portoit des besicles, l'on plāta ce pourtraict, vn homme qui arrachoit des lunettes à vn Dieu le pere, auprés duquel estoient sept tonneaux, qu'on appelle en Bourgongne des fillettes, celà d'ordre signifioit, Quant on prent lunettes à Dieu, sept fillettes, c'est dire, Quant on prend lunettes, à Dieu ces fillettes.

La paix, vn I de verde couleur, & vn scabeau, qu'on dit vne selle, font, la paix vniuerselle.

Celuy qui vouloit dire qu'il viuoit en soucis & pensees, faisoit peindre vne vis de pressoir entre des fleurs de soucy & menues pensees.

Et pour dire: I'ay peines en trauail, il peignoit des pennes dans vn trauail, où l'on a accoustumé de mettre les cheuaux deuant la boutique des Mareschaux.

Cette diuise, pensees en vertu sont nettes, se peut exprimer, par vn v vert.

DE PICARDIE. 14

dedans lequel y aura des pensees, & aupres des sonnettes.

Cestuy-cy est follatre & gratieux, on peint vn homme qui leue la cotte à vne ieune fille, cela signifie, ainsi qu'on se trouue.

Deux monts, quatre os, & des moines, cela leu de suite faict, mons deus, quatre os, des moines y a, *Mundus caro dæmonia*.

Vn monde en ceste sorte remply de s, ainsi faictes d'os de morts, & de soucys, signifiera le monde plein de tristes, s, c'est à dire tristesse & soucys,

vne Sphere, & vne anse de pot au ciel, auec les pennes sur la terre, feront esperance au ciel, & peines en terre: qui est le plus fade & badin qu'on sçauroit excogiter, & neantmoins iusques auiourd'huy les courtisans encor en vsent ordinairement: comme aussi

DES REBVS

du lacs d'amour pour signifier, las d'amour, & demy A, pour dire amy, ou amitié, car on dit my a, & moitié d'a.

Vn jeune homme enuironné de Vautours qui laissent cheoir leurs pennes signifiera, Voz tours me donnent peines.

Vn estuy de pigne enuironné de deux rats qui soit porté par vn A, en ceste sorte.

est propre à mettre sur la porte de quelque bon prenard, car il s'interprete, A porte estuy entre rats: id est, Apporte & tu y entreras.

Vn noble à la roze, vn V vert, & des œufs pourtraits de suite, signifieront noble, & vert V & des œufs: noble & vertueux.

DE PICARDIE.

Vn fol à genoux, qui ait vne trompe à la bouche signifie, Fol aage nous trompe.

Vn Dieu qui frappera sur vn nid d'oiseau auec vne perche fera, Dieu tappe vn nid, Dieu t'a puny.

Encor auiourd'huy se voit és licts des grands Seigneurs de ces beaux rebus, pensez comme l'ignorāce est enracinee en France.

Les pauures Villageois sont excusables, qui n'estiment pas vne armoirie bien faicte si elle n'equiuoque sur le nom entierement par deux diuerses significations, tellement que c'est vn des premiers traits de roture, quand cela s'y apperçoit, comme si vn nōmé Clergant porte vne clef & vn gan. Chotier, trois choux : pour dire premier chou, second chou, chou tiers. Chinard vn chien & vn arc. Beufarāt, vn beuf & vn harant. Chaquerāt, qui a faict peindre vn homme lequel auec

vne lanterne à la main cherche derrier
vne porte vn chat qui se cache à demy,
quasi dicas, Chat querant. Bichot, vne
biche & vn chou, & cætera. C'est autre
chose quant il y a vn simple æquiuoque du nom aux armes sans Rebuffier,
car les premiers Royaumes & illustres
maisons portent les armes de ceste sorte : comme le Royaume de Leon, vn
Lyon : de Castille, vn chasteau : de Ga-
lice, vn calice : de Grenade, neuf gre-
nades entamees : Le Compte de Retel,
trois rateaux : Celuy de Touraine vne
Tour : comme aussi la ville de Tours.
Les Seigneurs de la maison de Chabot,
trois Chabots : ceux de Bauffremont,
des Bauffrois : de Mailly, de mailles
& autres infinis des plus anciennes ra-
ces de France, comme doctement l'a
remarqué Pasquier en ses recherches
de la France. Or pour retourner à nos
moutons.

Ceux de Chaalon, ie ne sçay si c'est

en Champaigne ou Bourgongne non contens de leurs armories, firent peindre fur icelles vn chat long & noir.

Ceux de Poictou qui prononcent vn P, Poy, mettent ordinairement trois P pour signifier trois Poy, & appellent, le dernier, Poy tiers.

Vn certain Maire de la ville de Dijon fit peindre à l'entree d'vn Roy, sur les armes de ladite ville, dix ioncs, & fit encor battre des gectoirs de ceste façon. Pensez l'habille homme qui se resouuenoit de l'ordinaire ieu des petits enfans qui declinent vn ionc sans lettres, & disent vn ionc, deux ioncs, 3, 4, 5, 6, 7, 8, 9, 10 ioncs. Ainsi qu'ils declinent aussi paradis, disant para vn, paradeux, 3, 4, 5, 6, 7, 8, 9 paradix. Et les femmes qui declinent aussi pour se monstrer grandes clergesses, vne ouille, deux ouilles, 3, 4, cinq ouilles.

AVTRE FAÇON
DE REBVS PAR
Lettres, chiffres, nottes, de
Musique & noms sur-
entendus.

TV as cy deuant la forme & practique des Rebus de Picardie qui se font par peinctures, en voicy vne suite d'autres qui se font selon la prolation des lettres simplement, & ce parmy noz François qui prononcent, vn é masculin, ou feminin en nommant les consones de l'Alphabet en ceste sorte, bé, cé, dé, ef, gé, ache, ka, elle, ame, ane, pé, qu, erre, esse, té: ce que les Italiés prononcét
C

Avtre Façon

bi, chi, di, &c. ie ne sçay toutesfois s'ils en vsent non-plus que les Espagnols & Allemans n'en ayant point veu en leur langue, sinon cestuy-cy qui est pris des lettres Grecques, qui me fut monstré en grande admiration par vn magnifique Messer qui en faisoit grand cas.

Nella q. δ. ọ. v. ç. la ß.
Nella fidelta finiro la vita.

C'est à dire en François,
En fidelité ie finiray la vie.

Ce qui s'ensuit des François & Latins, ie les ay recueillis çà & là en diuerses hostelleries sur les murailles blanches, que l'Italien appelle (car notez qu'il y escrit aussi bien que les autres) *cartha di matto*, c'est à dire, papier des fols. Or ie les trouue plus gracieux & plaisãs que les precedés, par ce q̃ ceux qui vsent de ceux-cy, ne le font q̃ pour rire & prédre plaisir, & les autres pésent auoir fait quelque chose de laborieux ou bien sçauant. Ie viendray donc à la definition, Ce sont equiuoques de la prononciation des lettres ou nombres à nostre langage, auec l'intelligence, ou subaudition de quelques mots ordinaires faciles à comprédre, comme sus, sous, deans, entre, &c. En quelques vns ces deux suiuans de l'inuention du docte official Lengrois vont d'ordre.

K. P. C. Q. R.
C ipe securum.
N. f. s. i. t. m. i. est 2. u.
En necessité amy est connu.

Cestuy-cy est de Maurice Scene Lyonnois.

1. 2. 9. 7. 1. p. a. 20.
Vn con neuf c'est vn paradis.

Cest autre a esté faict en la mesme ville, du moins il equiuoque sur son langage ordinaire.

G. C. T. K. C. B. O. Q.
Gé fé té ja as cé té au eu.

Avtre Façon

I'ay soif, toy qu'as soif boy au Q.

Cestuy est d'vn amoureux cassé sur le garrot.

G. a. c. o. b. i. a. l.

I'ay assez obey a elle.

En voicy vn vrayement Picard, & d'inuention & de prolation.

ooooo, eeee, sont aaaaa pons.

Cinq o quatre e sont, sinq a pons.

c'est à dire, cinq coqs chastrez, sont cinq chapons.

Vne maistresse qui tenoit vne ieune fille en son escolle, donnoit couuertement ainsi à entendre à sa mere la façon dont elle se gouuernoit,

Vostre fillette en ses escrits
Recherche trop ses aa,
L, met trop d'ancre en son I.
L, si trop ses VV ouuerts,
Puis son K tourne de trauers,
Et couche trop le Q infame,
C'est vn traict qui gaste son M.

On l'intrprete ainsi.

DES REBVS

Vostre fillette en ses escrits
Recherche trop ses appetits,
Elle met trop d'ancre en son nid,
Et laisse trop ses huis ouuerts.
Puis son cas tourne de trauers
Et couche trop le cul infame,
C'est vn traict qui gaste son ame.

Cestuy est aisé sans interpretation
2.k.tu.g.le.q.k.c.d.q.l.t.

Mangeant des huistres en vn cabaret pres le bazacle, chez Golus, i'apperceut ce Gascon,

Iou ay vist vn homme à caual,
E,C,C,B,   C,C,T,B,
O,B,,CT,B.

C'est à dire,

I'ay veu vn homme à cheual,
Et se tient il bien?
s'il se tient bien.
Ouy bien, il se tient bien.

Quiconque soit l'autheur des priapeies qui sont à la fin de Virgile il en a faict vn de estce façon, qui tesmoigne

Avtre Façon

que les Romains prononçoient les lettres de leur alphabet à nostre façon, pé, té.

Quum loquor vna mihi peccatur littera, nam T.

P. dico semper, blesaque lingua mea est.

Car il s'interprete ainsi, *Nam te Padico semper*, qui est le vice ordinaire de ceste nation, comme tesmoigne l'Apostre, *Epist. ad Rom. cap. 1.*

Quelques vns en ont faict de chiffres seuls, comme ce dicton qui est assez salle, mais à faute d'autres si le faudra il boire, encor qu'il sorte du creu de Messer Merdachio.

Chiez à voz 13.

Et soyez à 6.

Fol est qui ne 16.

A vous ie le 10.

Voz 13, quasi vostre aise. à 6, assis, ne 16, s'aise, le 10, dis.

Tous ces autres sont par noms surentendus, comme

O, cur, tua te
B, bis, bia, abit.

Il ne fault sinon adiouster *super* entre la premiere & derniere ligne, il y aura, O super-b, cur super-bis, tua super-bia te super-abit.

Messire Iean Bernel me cuida faire quinaut sur cestuy-cy.

Missos

Iuppi, iuppi, iuppi, as locabit-tra
Iupiter submissos, locabit inter astra.

Le compte est vulgaire, que raporte Iaques Peletier en son liure des côtes publiez souz le nom de Bonauenture des Periers, d'vn Abbé qu'on sollicitoit de resigner son Abbaye: lequel fit responce, il y a trente ans que ie suis à apprendre les deux premieres lettres de l'alphabet A,B, ie veux encor autāt de temps pour dire les deux suiuātes, qui sont C,D. Par A,B, il entendoit Abbé, & par C,D. *cede*, mot Latin qui signifie quicter la place.

C iiij

AVTRE FAÇON

Ces François sont de mesme inuention.

   Vent,   vient,   pire,   vent.
   A qui   d'amour   le cœur,   bien

Autre

      Si,   pire,
   uent   vent
   i'ay   dont

Item

     Pir,   vent,   venir,
   vn   vient   d'vn

Il ne fault à tous les susdicts mots adiouster sinon la conionction *souz*, comme, A qui souuent d'amour souuient, &c. & ces autres qui suiuent, se doiuent commencer par la premiere ligne adioustant ces mots sus & souz.

   Trop   vent   bien
   tils   sont   pris.

Trop subtils sont souuent bien surpris.

   Het,   en   tient.
   le   pens,   le   ♡

Le souhait en suspens le cœur soustient.

Des Rebvs

Ces suiuans sont de mesme, sinon qu'il fault regarder les lettres qui sont dedans de plus grandes, comme,

$$G \text{ dans } C, \quad R \text{ dans } C, \quad \frac{q}{q}$$

auec l.

G dans C, r dans C, q, sur Q, auec L.

$$G \text{ a } \frac{P}{d} \quad \text{pour} \atop \text{tenter} \quad \text{mes a a.}$$

G grand, a petit, d sous p, pour sus tenter mes appetits.

I'ay grand appetit de souper pour sustenter mes apetits.

Ie trouue celuy-cy fort ingenieux.

Son, t, l, te-pour-nir son:

L apres t, son deuant, pour, entre, tenir son, derriere.

T-i-u. p-ny-as r-gi-e: Si-i-tu.

i entre tu, ny entre pas, gy entre re si tu y entre.

Avtre Façon

Bran autour du cu mors dedans.

L'idolatrie d'vne pisſedelie, pour faire parade de ſon fidelle amour, fut long temps à metagraboliſer en ſa contemplation ce beau Rebus.

Deux cœurs en vn ſ, entre aimer, iuſques à la fin, comme au commencement.

Il portoit auſſi en ſa deuiſe.
G, le ♡ a, b, c.

Pour dire, i'ay le cœur abaiſſé, mais ſon couſin au lieu du cœur qu'il effa-

De Rebvs.

a, y peignit le dieu des iardins.
Ie n'appreuue pas que l'on entre-
esle des peinctures de quelques cho-
s que ce soit auec ces lettres notes &
iffres, car cela est goffe le possible, &
y a rien surquoy on ne rencontrast:
omme ce badin suiuant.

p
comme
faulx dix né comme sous pé.
Voilà pourquoy ie n'en ay choisi
ucuns exemples.
l n'y a que le cœur qui en faueur des
oyaux amans s'est donné la vogue, &
ui partant pourra estre receu auec
con, & le pere de nature humaine.
t comme la mort est horreur natu-
elle & assez cogneuë, i'accorde q l'o-

Autre façon

la mette principalement és cimetier[es]
& Epitaphes, comme aux Cordeli[ers]
de Dole.

DM VOVS DQVAT VOVS LA 💀

m, en dé, quat en dé: qui fait en le pr[o]
nonçant. Amendez vous, qu'attende[z]
vous la mort.

Et celuy-cy au cloistre de S. Ma[m]
mes à Langres faict sur vn chantre.

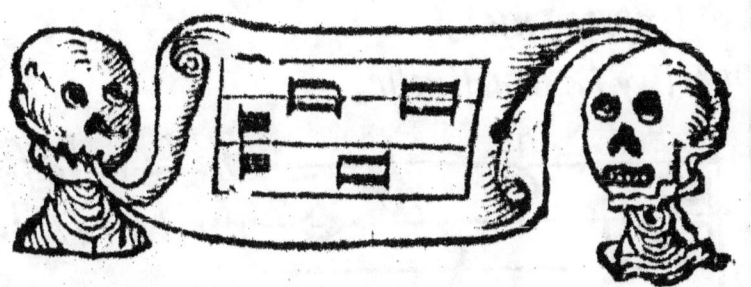

C'est à dire Mort la mi la mort.

Puisque de la mort nous somme[s]
tombez sur la Musique ie mettray [en]
cest endroit ceste chançon faite co[tre]
vn ieune sot glorieux, laquelle fut ch[antée]

DES REBVS   23

si gaillardemēt en sa presence, qui
rouuoit bien faicte hors-mis que
rhimes n'estoient pas accomplies.

Hola monsieur vous estes

la mi fa re sol vt,
mi f at resolu
re les plus honnestes
 est trop cognu.
Dites luy sa maistresse,

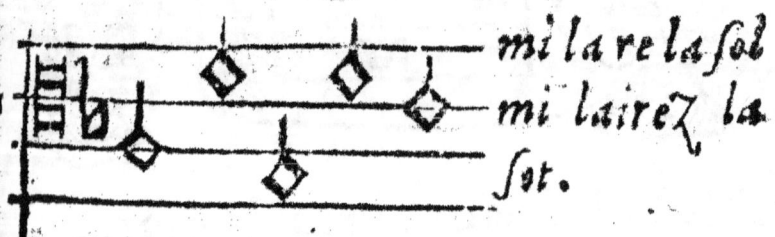

mi la re la sol
mi lairez la
sot.

 & vostre detresse
gnoy en vn mot.
faictes qu'on puisse dire

ANTRE FAÇON

De vous — ut sol re mi
— un sot remi

Qui n'estes en martyre
Plus prudent a demy.

Ensuit vn Epitaphe d'un Maistre Chantre nommé Noël le Sueur, que luy a basty fort ingenieusement le gentil Official Lengrois, car en icelluy sont comprises toutes les notes de Musique,

Dies 18. May vt natali ius sic fatalis fuit 1573. Natali sudorio.

a' ingenij, moribus & voce Musici, Hic post 72. annorum

vita — mpletis nos

exigua — superstites

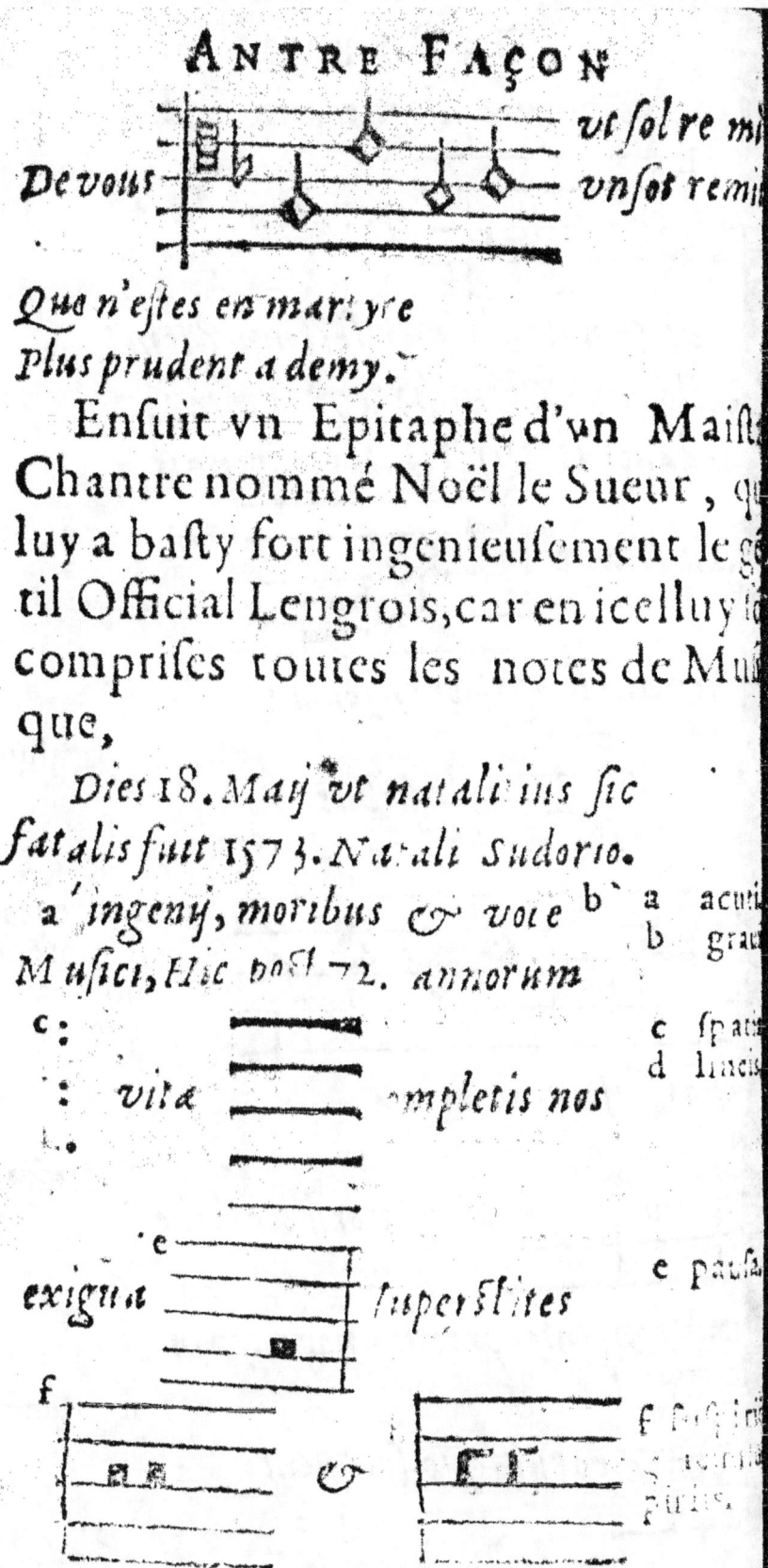

DE REBVS 24

antum virum desiderantes reli-
quit [notation] operas in choro

ius templi, in quo festum diem
anctorum Geruasij & Protasij
undauerat Dei seruitio impendit,
xit Deus v:i [notation] mi- i maximas

ricordiæ largitiones sentiat

[notation] q; hostibus   k fuisque.

[notation]   l breues
                               semibreues
                           q; minimas-
                               que.

nas sustineat, atque
[notation] purgatorij loco libe   m basso.

tus, continuo precum nostrarum
[notation]   n tenere
earumque frequenti

AVTRE FAÇON

adiutus   o repetitione.

cælum conscendēs   p superius.

habitet, diuinæ maiestati cum Angelis laudes decantaturus.

Amen.   q sine sine.

Celluy que tu vois est entrecousu de toutes les façons susdictes.

1, A,   10   a, h, t, 2, p,
p,   pa,

10. pour auec vne a. b. f. l. 20. &, &, q. l.

ta. s.   son r. d. e en p a 10.

Vn

DE REBVS 25

Vn gros a b, remply d'apetit, dix sol
vt, a acheté deux per dix pour sous p
auec vne a,b,ſ, elle vingt & sous pa &
q elle ta eſſe là la fa ſon d entre re en
par a dix.
Lont fit ce ſuyuant du meſme abbé
    Ba-pour ſe-tre vne fois il en a
                  l,   e,
   Pour s'entrebatre vne fois ſus elle il
en a ſué.
      las,   frir.
Te-pour-nir, maint ſont a.
                  mis
Pour entretenir ſoulas maint ſont
ſubmis à ſouffrir. C'eſt pourquoy reſ-
pondit laquemardus de braquenoto.
  pri-bonne-ſe pren-fait bon-dre.
Bonne entrepriſe fait bon entrepren-
dre.
Si ie voulois icy adiouſter tous ceux
qu'on ma donné ce ne ſeroit iamais
fait, parquoy ie finiray ſur ce viel ron-
deau de Molinet ancien poete du Duc
                        D

AVTRE FACON
Philippes de Bourgongne.

riant fus nagueres
En   pris

t- D'vne-o
u-tile-s   affectee,

espoir   haytee
Que   vent
               ay

d
Mais fus quand pr-samoutr-is

                    ris
Car iapper ses mignards
            que

       traits
Estoient d'amour mal a
                    et

DE REBVS.

           riant
           en

l œil
Escus de elle a pris
     moy

maniere ruzee
te-me-nant

Et quant ie veux e-faire-e
        elle

    que   riant.
Me dit to y-us mal apris en

Encor que l'interpretation en soit
aysee si la mettrai-ie *pro iunioribus*.
  En sous-riant fus nagueres surpris
D'vne subtille entre tous affectee
Que sous espoir ay souuent souhaitee,
Mais fus deceu quant s'amour entrepris,
Car i'apperceu que ses mignards soubris

AVTRE FAÇON

Estoient soubstraits d'amour mal asseuree
            En soubriant.

Escus soleils dessus moy elle a pris,
M'entretenant sous maniere rusee,
Et quand ie veux sus elle faire entree
Me dit que suis entre tous mal apris
            En sous-riant.

Ne reste plus que ce rebus pris des termes ordinaires dont les triquetraqueurs ont coustume d'vser, specialement quant ils iouent à la renette ce beau ieu de patience:

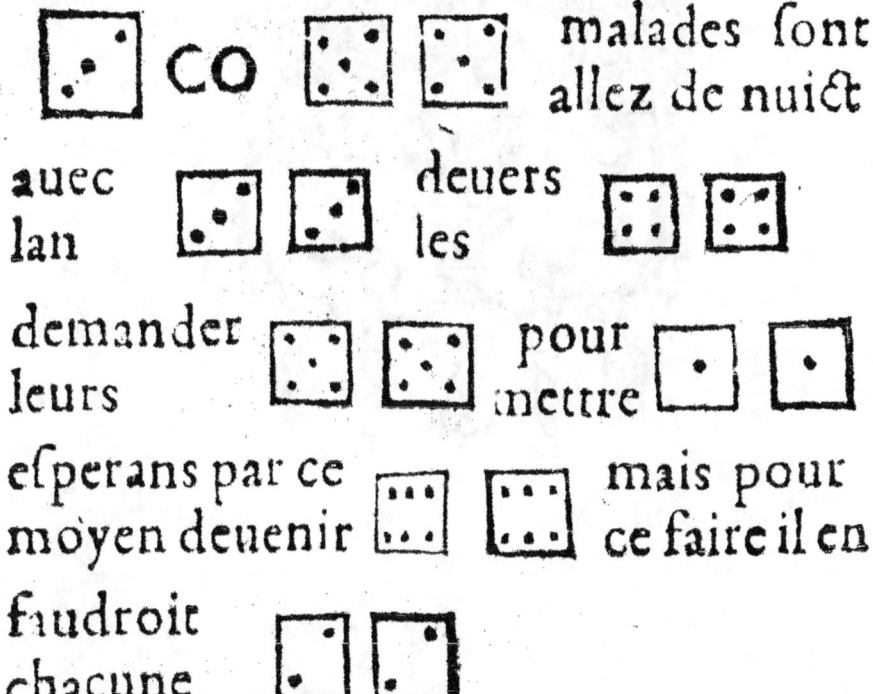

Deux cinq signifient quines, deux trois ternes, deux quatre carme, deux as ambesas, quasi embesace, deux six seines, Tu verras cy apres le reste de l'aplication de leurs termes.

D iiij

AEQVIVOQVES
François.

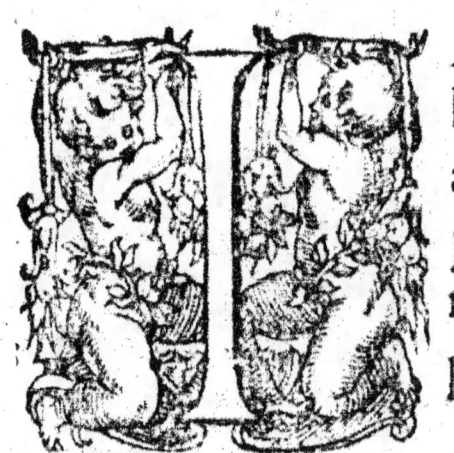

A y cy deuant parlé amplement des æquiuoques de la peinture à la voix, maintenant ie raporteray l'autre sorte qui se fait de la voix à la voix, de long temps & ingenieusement traictee par nos François, & combien que ce mot d'æquiuoque selon que nous le prenons generallement, se puisse entendre des sillabes de mesme terminaison, selon qu'on faisoit les vers Latins rimez qu'ó appelloit vers Leonins, dont ie par-

DES ÆQVIVOQVES

leray cy apres, & que se sont encor auiourd'huy toutes les poësies Françoises & Italiennes, qui ont peu de grace si deux voix vnisonantes ne se rencótrent à la fin de deux vers s'entrerimans, ce que les Rhetoriciens ont appellé d'vn nom propre Omioteleste, c'est à dire finissant de mesme: Neantmoins ie pren icy ce mot d'Aequiuoque pour vne espece particuliere, sçauoir quant vn ou plusieurs noms se peuuent rapporter à vn autre ou diuers noms, de mesme son selon l'aureille, & de diuerse signification. Dont qui voudroit les exemples, sont rares és Grecs & Latins, & vulgaires és anciens poetes François comme Marot. en l'epistre par luy addressee au grand Roy François qui commence.

En m'esbatant ie fay rondeaux en rime
Et en rimant bien souuent ie m'enrime,
Bref c'est pitié d'entre nous rimailleurs,
Car vous assez de rime ailleurs.

Drusac vn Tolosain rimailleur, imitant Marot en certain liure qu'il a faict entre les femmes, a composé de ces æquiuoques iusques au nombre de trois ou quatre cens vers, desquels qui voudroit prendre la peine on pourroit (comme Virgile faisoit desEstrons d'Ennius) ramasser vn bon nombre & les reduire en meilleur François, comme on a fait ceste suyuante Elegie:

Belle aux beaux yeux pour qui des douleurs ie comporte
Plus qu'on ne pourroit pas pour autre qui con porte
Oyez les grands regrets que faire me conuient,
Pour le mal qui sus moy par vostre seul con vient,
Ie fus bien mal heureux, tous hans ie le confesse
Quand ie touchay sur vous, tetin, cuisse, con, fesse,
Cher me fut le banquet, la feste, & le conuy
Qui causerent premier pourquoy vostre con vy.
Car i'endure grans maux sans espoir de confort,
Seulement pour auoir aimé vostre con fort
Il m'eut bien mieux vallu à tous maux condescendre
Que ainsi follastrement sur vostre con descendre,
Mais vos frians regards vostre beau contenir

DES ÆQVIVOQVES

Me donnerent desir de vostre con tenir.
Et de vostre cœur faux au mien simple conioindre
Pour en apres mon corps pres de vostre con ioindre:
Et deslors sans passer contract, ny compromis
Moyennant cent escus me fut ce con promis
Le soir allant vers vous ie les payay contant,
N'estoi-ie pas bien fol d'achepter vn con tant?
Quant l'argent fut compté de si pres vous connu
Que nul entre deux draps ie tins vostre con nu:
Et puis ie m'efforçay d'emplir vostre conduit,
Mais à trop engloutir vous auez le con duit:
Neantmoins courageux & en ardeur confit
Ie fis autant d'exploits qu'autre en vostre con fit,
Et heurtay tant de coups, si bien vous les contez
Qu'oncques faire on ne vit assaut en vn con tels.
Ie pensois estre vn Roy ou vn grand Conestable
Quant mon courtaut eut fait en vostre con estable:
Ce qui plus ma folie & mon regret confirme
Ie pensois cheuaucher vn beau ieune con ferme
Et c'estoit vn trou sale, ou nul ne doit contendre
Veu que chacun pour rien venoit vers ce con tendre
C'estoit vne charongne infecte & peu congrue,
Quoy ne fus-ie pas bien d'achepter tel con grue?
Tous les iours auec vous moines se coniouissent,
Gens de toutes façons de vostre con iouissent,
On y va tour à tour, puis Abbé, puis conuent
Certes femme peu vaut qui donne à son con vent
On me le disoit bien, mais par ma conscience

FRANÇOIS.

Par vn con l'on perd sens & par vn conscience
Tout homme devient fol soit sage ou content
Qui met tout son esprit à aymer vn con tant:
On deuroit assommer vn homme & le confondre
Qui sa force & vertu va dedans vn con fondre:
L'homme n'est il pas fol qui pour se consoler?
Cuide à force de coups iamais vn con saouler
Combien de bons esprits en voit on condamnez
Et combien de grans clers sont par vn con damnez?
I'en suis à l'hospital attaint & conuaincu.
Pour vn con mis a bas & pour vn con vaincu.
Doresnauant viuray par reigle & par compas
Ny ne feray iamais pour si vilain con pas.
Ieunes gens escoutez à vous ie me conplains:
Regardez les dangers desquels sont les cons plains:
Les goutes & boutons sont en moy congelez,
Tous mes membres me sont seurs pour vn con gelez.
Ie vous sers de miroir plain de compassion
Gardez vous bien d'auoir pour vn con passion.

Ie viendray aux exemples qui l'instruiront auec quelle gaillardise & discretion on les peut practiquer: & pour commencer i'entameray ce mot d'æquiuoque sur æquiuoquons: Mes dames on a vos maris coquus: & qui? vos cons.

Vn bien vieil Gentilhomme de Languedoc diſoit ordinairement en ſaluant toutes les belles Madones qu'il voyoit en ſon chemin, bon vit & long Madone, Dieu vous doint ce que voſtre cul deſire, & le prononceoit fort bruſquement, tellemét qu'il ſembloit qu'il diſt, Bonne vie & longue, Dieu vous doint ce que voſtre cœur deſire.

Vn autre de Bourgongne diſoit à toutes les filles qui rencontroit, pleut à Dieu, m'amie, que nous euſſions mis le cul enſemble: Quelques vnes moins ruſees eſtimant qu'il dit mille eſcus le mercioient auec vne grande reuerêce: Quelques autres plus fines frottees, qui entédoient ſon iargon, luy reſpondoient prenez tout monſieur, encor vous donnay-ie cent aupres, entendant ſens, autrement ſentez au lieu de cent.

Vn quidam irrité contre ſa femme

la menaçoit de battre à grands coups, à quoy ceste femme ne faisoit autre responfe sinon par le bas mon amy, par le bas: Dont eſtãt reprife des voyſins qui luy remonſtroient qu'elle aygriſſoit d'auantage ſon mary, & qu'il ne falloit pas ainſi ſuperbement parler à luy: elle s'excuſa, & dit qu'elle ne le vouloit pas faire taire, que ſon intention eſtoit ſeulement de luy dire, qu'il la deuoit batre par le bas, Dont le mary qui n'eſtoit pas des plus courroucez ce print le premier à rire.

Vne autre auſſi bonne commere (ainſi que i'ay appris de Dame Philippote Pinteſſon) comme qu'on portoit ſon mary en terre, Helas diſoit elle mon pauure homme & moy auons ſi bien veſcu enſemble, nous auons eu trois enfans, dont les deux petits ſont morts, & le plus grand vit, & repetant ce mot de grand vit, elle regardoit ce ieune enfant viuant, auquel puis apres addreſſant ſa parolle, elle diſoit, Las mõ enfant tõ pere nous a ſi piteuſement dit à Dieu, Helas quel congé, quel congé, c'eſt pour iamais mon Dieu quel grand congé, prononceant leſquels mots, elle exclamoit de rechef à la façon de nos criardes femmes de France, car c'eſt à qui brayra le plus haut: & frappoit de ſes mains ſur ſon ventre, de ſorte que pluſieurs qui connoiſſoient l'humeur de la pelerine, affermoient qu'elle auoit ſciemment exclamé ſur grand vit, & con iay au lieu de congé.

Il y auoit vn amoureux, qui auoit lõguemẽt idolatré vne certaine Chiãde, laquelle à la façon de nos poetes françois, il auoit baptiſé ſa Pandore, du nom de celle qui eut tant de beaux preſent des dieux: voyant en fin qu'il perdoit ſon temps, & en auoit mauuais viſage, il la ſouloit appeller, ma Pandore, qui de ſa chemiſe le dernier

[...]andore.

Vn Aduocat fut vn iour bien trom[pé], car au lieu qu'il penſoit auoir vn [d]ouble ducat pour ſalaire d'vn gros [p]rocez qu'il auoit fueilleté, il ne trou[u]a que le double du cas poſé, & l'æquiuoqua ſur la lettre de ſon cliēt, qui [l]uy eſcriuoit en ceſte ſorte, ie vous en[u]oye mon ſac auec vn double du cas, [i]e vous prie bien voir tout, & me faire [v]n ample aduis. &c.

A Moulins en Champagne, y auoit [v]n Apothicaire nommé Desbordes, [q]ui pour auoir eſtudié auec quelques [b]arbiers retenoit vn peu de leur humeur glorieuſe, Et à ceſte occaſion luy [p]rit affection de choiſir quelques belles armoiries pour mettre ſur la porte [d]e ſa boutique, dont conferant auec [ſ]es voiſins l'vn luy dit, il vous faut fai[re] vn feu qui ſignifiera le feu des bran[d]ons autrement des bordes, auec le [m]ot il n'eſt beau feu que des bordes,

DES ÆQVIVOQVES.

l'autre il n'est ioye que des bordes: Enfin se rencontra vn orfeure bon compagnon, qui luy dit, ie serois d'aduis que comme vous estes monsieur l'Apoticaire, vous prissiez trois pillules d'or en champ de gueulles, & pour deuise vous mettrez en grosses lettres d'or, par pillules le cul desbordes, dóc mon homme tout scandalizé & irrité ne parla onc puis de armories ny de deuises.

C'est vn prouerbe commun qu'on ferme bouteilles à bouchons, & flaccons à vis, id est flacs cons à vits.

Les lauandieres ont vn prouerbe ordinaire, si vous lauez, ne me le prestez pas, si vous ne l'auez pas, prestez le moy: qui s'entend d'vne palette ou batoir propres à lauer les draps.

Vn gaillard escollier retournant de Tholose, fut si curieux que de rapporter en son pays vne mesure des Robes & sayes dont les Mondinets s'accoustrent

strent fort proprement en ce pays là, & mandant vn cousturier luy dit qu'il vouloit ainsi & ainsi auoir ses habits à la Tolozane, ce que retint si bien ce cousturier, qu'estāt mandé d'ailleurs, Il disoit, Monsieur il faut que ie vous habille à la tour aux asnes, comme vn tel qui en a rapporté vne braue façon, de sorte que despuis on l'appela le tailleur de la tour aux asnes.

Vn autre Escholier s'estoit obligé à son compagnon de vingt liures tout noirs, au lieu de vingt liures tournois, qu'il auoit receu: son creancier voyant le terme expiré, & qu'il ne pouuoit estre payé fit assigner l'obligé pour se veoir condāner à la recognoissance & au payement, lequel apres l'auoir recogneuë dit, qu'il n'estoit tenu au payement, car il s'estoit obligé à chose impossible, & allegua la loy *impossibiliū ff. de regul. iur.*

Ie fus vn iour en masque auec vn

DES ÆQVIVOQVES

grand Naricard, lequel pour se bien desguiser auoit mis vne grande iupe de veloux appellee vulgairemét vn iotane, si tost que nous fusmes tous entrez en vne bonne maison, chacun qui le cognoissoit bien, commença à dire, Monsieur le grand sot asne, vous plait il pas vous demasquer, nous cognoissons bien desia le reste de vostre troupe: En fin il se demasqua, & dit, or sus voº les cognoissiez tous hormis moy, par ma foy repliqua vne Damoiselle fine adorees, pardonnez moy chacun vous a bien cogneu & nommé.

L'on m'a dit qu'vn gentilhomme d'apparence trouua vne fois vn Cordelier, lequel il menaçoit de pendre, & voulant faire le spirituellement gosseur luy disoit, Cordelier de cordes lié vous aurez le corps deslié, afin d'auoir vn beau collier dont vous aurez le collié: Mais le Cordelier qui n'auoit affaire qu'à vn trepelu, le voyāt seul, le desmonta gaillardement, puis montant sus son aridelle, luy dit, Monsieur l'escuyer, qui n'auiez que le cul hyer auec les dens, qui n'auiez pas l'escu hier, ny vn blanc pour vous faire pendre, ie vous vay maintenant apprendre comme ie suis habille à prédre, & Endare.

Vn pauure garçon qui demandoit passade interrogé d'où il estoit, respõdit de Normandie, vrayement dit l'autre, vous auez raison, qui n'a n'argent n'or mendie.

Vn ieune Aduocat faisoit vn souhait qu'il desiroit perdre la premiere lettre de ce mot apprenant, affin qu'il deuint Aduocat prenant, gardez, lors dit vn bon personnage, que n'augmétiez plustost, & que ne deueniez aspre prenant.

Vn autre vieil Aduocat quãt il trouuoit dedans vn sac la principale piece, c'est à dire l'escu, il souloit dire,

Dimidium facti qui bene cepit habet.

E ii

Des æquivoques

Au lieu qu'au vers Latin il y a *cœpit pro incœpit*.

Le Dieu des Medecins s'appelle aussi Esculape, non-pas de l'æquiuoque de ce cul hape, mais d'escu hape, pour ce que les Medecins pinsent volontiers.

Vn soldat oyant discourir son Capitaine frais retourné du college de Mont-agu, où il auoit esté page sous nostre maistre bouquin, l'espace de trois ans, lequel disoit en grand appareil, il y auoit vn Lacedemone, entrerompāt sa parole luy dit, pardieu c'est moy aussi qui suis lassé de Moines, car il y a vn meschant Prieur qui me faict mille maux, &c.

Durant que la barbare & cruelle armee des Reistres rauageoit la Bourgongne és annees 1575. & 1576. les paures Villageois fuyoient de toutes parts, & disoient qu'il y auoit vn Comte Machefer, au lieu de Mans-feld: tellement qu'ils penſoient que ce fuſt vn grand Diable de Geant, qui mangeoit les charrettes deferrees, ſur laquelle creance vn certain aſſeuroit & ſe perſuadoit qu'il luy auoit veu manger à vn deſiuner vn rouët d'arquebouſe, auec quatre fers de cheuaux fricaſſez au beurre noir.

Le ſemblable æquiuoque fut faict de Caſimir, qu'on appelloit Caſſe-mille, pource que d'vn coup de poing il en auoit caſſé mille, & eſtimoit on que ce fut vne de ſes lourdes maſſes de geans armez de pierre de taille, qui eſtoit reſté de la deſconfiture de ceux qui allerent combattre Pantagruel à la ſuite du Roy Loup-garoux.

Puiſ-que ces æquiuoques ſont prouenus des Villageois, il ne ſera mal à propos, d'é reciter vn d'vn vergalát de vigneró de Diió, qui diſoit, pai lai cor dey quai forran brelai lou ſerot, pource qu'en yuar ay letau luthard : c'eſt

E iij

à dire qu'il faudroit brusler le Soleil, pource qu'en hyuer il estoit luit tard æquiuoquant sur Luther. La spiritualité de l'æquiuoque n'excede pas dix lieuës les limites du bon cru outre le mont talentin.

Il y eut iadis en vne seneschaussee vn sergent royal, ie ne croy pas que ce fut Toussainct Patris, car il estoit trop de mes amis, auquel le Lieutenant ayant enioint d'aller crier l'arrierebā faisant vne æquiuoque de l'oreille, il se mit à crier a larme tant qu'il peut derrier le ban, où l'on estoit assis.

Il y eut au Comté vn assez riche Citadin qui se fit annoblir par l'Empereur, & le Secretaire qui auoit peut estre esté mal payé de ses depesches, luy dōna par mesme moyē pour ses armes vn coq sans membre qui estoit de sable en champ d'argent, & enquis de la raison, dit que c'estoit vn coq imparfaict, pour dire vn coquin parfaict.

Vn Iuge Royal disoit vn iour en vne exhortation à ceux de son siege addressant son propos aux Aduocats qu'on les appelloit ainsi. parce, dit-il, que vous deuez diligemment penser à voz cas.

Zonare recite que Constantin fils d'Heraclius estant prest à combattre songea qu'il s'acheminoit θεσσαλονίκην, c'est à dire en Thessalonie ville celebre de Macedoine, A quoy vn qui l'assistoit repetãt ce mot de syllabe à syllabe vint à dire θὲς ἄλλῳ νίκην, qui est à dire, laisse à vn autre la victoire, & aduint q̃ combattant contre le conseil inopinement æquiuoqué il perdit la bataille.

Alexandre le grand ayant long téps assailly la ville de Tyre, mais en vain, estant prest à leuer le siege, infiniemét fasché s'endormit, & songea en dormant qu'il voyoit vn Satyre, lequel trepignant à l'entour de luy il attrapa: à son resueil, il fit le discours de ce songe

E iiii

DES ÆQVIVOQVES

en presence de plusieurs: où se trouuerent aucuns sages qui luy interpreterent que ΣΑ ΤΥΡΟΣ en deux mots, signifioit tenue est Tyre: de sorte qu'il s'opiniastra de l'emporter le lendemain, ce qu'il fit heureusement, ainsi que Plutarque en sa vie le raporte.

Tu verras és Amphibologies des fortuites ou aduersitez pour mesmes rencontres.

Or descendons vn peu sur les femmes, l'ay veu vne certaine iouant aux Tarots, laquelle comme ce vint à son tour d'auoir la main, escarta le Roy de baston, & voyant qu'il tardoit trop à venir, asseuree selon la disposition du ieu & nombre de ses triomphes, qu'il ne luy pouuoit eschapper, dit à l'vn de ceux qui iouoient auec elle, Monsieur il faut que i'aye vostre Roy de baston: A quoy celuy qui l'auoit fit responce, vrayement il est à vostre commandement, quant il vous plaira mon roide baston.

En la ville de Troye vn homme se pourmenant, par la ville auec vn oye sous le bras disoit, Monnoye fait tout à Troye, pour dire mon oye faict tout à Troye.

I'ay veu vn Courtois nommé Perrot, que iamais son compagnon Passechat n'appelloit sinon faisant vn pet & vn rot, tant il auoit le cul & la bouche à commandement.

Vne bône vieille auoit au fond de sa coupe fait peindre les armoiries de son pere & de sa mere, tellement qu'en cómemoration d'eux elle beuuoit tousiours au trespassez, & aux traits passez, car elle en auoit bien beu d'autres.

Azo & Lothaire les deux plus grãds Iurisconsultes de leur siecle, estans entré en dispute sçauoir si la puissance du glaiue est propre au prince souuerain, & si les magistrats n'ont que la simple execution d'icelle, ou bien si les magistrats ont aussi bien ceste puissance quãt elle leur est communiquee par le Prince: firent gageure d'vn cheual, & choisirent pour Iuge de leur diferent Henry septiesme Empereur, lequel iugea suiuant la premiere opiniõ, qu'estoit celle de Lothaire, laquelle neantmoins estoit contre celle de toute la commune de ce temps là, de sorte qu'on en fit vn prouerbe & disoit on que *Lotharius iniquum dixerat & equum tulerat, Azo verò aquum dixerat & iniquum tulerat. Alciat, lib. 2. cap. 3.* de ses parad. le rapporte, mais le tres-sçauant Bodin *lib. 3. ch. 5.* de sa Repub. monstre bien comme *neuter equo dignus erat, quia non aqué vterque opinatus fuerat*.

L'on dict en vn æquiuoque Latin aussi que,

Vitis amat colles:

Ce que par æquiuoque aucuns rapportent à *caulles*, qui sont neantmoins les mortels ennemis de ceste diuine plante, au lieu que la montagnette exposee à l'Orient, est la vraye resiouissance d'icelle que ie monstreray au Chapitre du vin.

I'ay veu quelques vns qui font vn æquiuoque de ces deux mots, I'ay & Geay, en latin *graculus*, & disent si ie faisois ce q̃ Geay fait, ie ferois ce que ie ne fis iamais, si ie voulois ie le ferois, & si ne te le sçaurois faire, on entéd Geay au lieu de I'ay, & vollois, pour voulois.

Maistre Iean Chinfreneau voyant vne sienne qui s'estoit mignardement faict pourtraire auec vne coiffure de lassis, & vn ouurage de mesme entre ses mains, luy dit qu'elle s'estoit fait peindre auec du lascif: Et qu'elle deuoit plustost se faire peindre comme sa voisine retarinee, qui auoit pour contenance en sa main le bout de sa ceintureou demiceinct, qu'on appelle vulgairement le pucelage, pour signifiance, dit vn bon compagnon, que iamais ne l'auoit porté autre part de sa souuenance.

Le compte est vulgaire de celuy qui disoit qu'il ne falloit que deux points pour faire taire vne femme, æquiuoquant sur deux poings: mais ie croy qu'il n'y a ny points, ny poings, ny raisons qui en puissent dompter vne, si elle la mis dans sa teste, tesmoing celle qui ne desista iamais d'appeller son mary pouilleux, & combien qu'en fin pour la matter il la plongea en l'eau iusques par dessus la teste, si leuoit elle encor les bras, & auec les ongles de ses poulses qu'elle craquoit l'vn contre l'autre l'appelloit encor par demonstration pouilleux: comme recite le viridique Pogius.

Vn vieil regrattebroisseur de petits enfans disoit vn iour en plain Palais à vn aduocat, cela n'est que brouillerie, lequel fit responfe, Brouillerie commence par B. & Tromperie par T. au-

FRANÇOIS.

lieu de *per Te*, c'est à dire par toy.

Ce suiuant pour auoir l'ouye dure fit vn plaisant æquiuoque en plaidāt, Car ainsi qu'on luy souffloit par derrier vne ordonnance du Roy Philippes le Bel par luy obmise, qui estoit decisiue de sa cause, il alla alleguer à la risee d'vn chacun l'ordonnāce du Roy Philibert, croyez que c'estoit vn grād historien François.

Voila ce que i'ay à rapporter des æquiuoques de la parolle que ie ne veux pas poursuiure d'auantage, pour ce qu'auiourd'huy infinis calomniateurs sans aduiser à la gentillesse des rencontres, se pourroient scandaliser si i'en mettois icy vne multitude qu'on a fait sur quelques braues & sçauans personnages, comme celuy qui finit.

Duc hardy n'a l'ame si rabaissee.

Ie viendray donc maintenant à en rapporter quelques vns, qui se peuuēt faire en lisant quelque escriture com-

DES ÆQVIVOQVES

me'aduint à l'Apothicaire de Tante Pissepin, lequel lisant la recepte que luy auoit donné vn Medecin pour purger sa melancholie en ses mots ♃. Manip. veratri, &c. il alla lire veretri, & au lieu de luy preparer de l'Helebore luy dit qu'elle estoit en dāger de mort si elle ne trouuoit quelque gros vietzdaze pour la guerir.

Vn autre ayāt veu la recepte du Medecin qui auoit mis ♃. Rubarbari opi. qui est vne abbreuiation d'optimi, alla imaginer qu'il y auoit opij, & en mit tant en la medecine de son patient, qu'il l'endormit si bié qu'onques puis ne se resueilla: C'est pourquoy l'on dit ordinairemēt qu'il se faut garder d'vn qui pro quo d'Apothicaire.

L'Empereur Charles le V. retint prisonnier le Lādegraff. de Hess. souz ombre de l'æquiuoque d'vne lettre, où il y auoit ce mot Enich, que le Landgraff estimoit estre Euich: deux mots Allemans directement contraires, car l'vn signifie auec, & l'autre sans.

Mais ie trouue qu'il estoit bien aisé à l'Empereur de lire de ce qu'il vouloit puisque l'autre estoit en sa puissance: encor qu'il n'y ayt point de doute que souuentesfois en lisant on ne face plusieurs æquiuoques, principalement quand l'Escriture est à la main.

Et en molle on s'y abuse aussi bien souuent, mesmes de pauures Curez de Village, comme quand ils lisent *rendit* au lieu de *respondit*, *enim* au lieu de *eum*, *Iesum Nasum*, au lieu de *Nazarenum*, & autres infinis semblables au grand scandale de plusieurs, qui non seulement accusent l'ignorance de ces pauures prestres, mais aussi certains Escriuains, qui abbregent les mots pour gaigner le temps.

L'on faict encor de gaillards æquiuoques par la trãsposition des points ou coupe des mots: comme celuy rapporté par Cardan de Martin Abbé de Asello qui auoit fait mettre sur la porte de son Abbaye ce vers.

Porta patens esto nulli. claudaris honesto.

Ce que lisant quelquesfois vn Pape passant par là & voyāt vn point apres *nulli*, irrité de son inciuillité le deposa & en mit vn autre en sa place: lequel sans oster le vers ne fit que changer le point & le mettre apres *esto*, en memoire dequoy on fit ce distique.

Porta patens esto. nulli claudaris honesto,
Ob solum punctum caruit Martinus . Asello.

Et encor en court le prouerbe François mal entendu, pour vn seul point Martin perdit son asne.

J'ay leu dedans vn vieil liure manuscript de L'abbaye Saincte Benigne de Dijon ceste histoire: vn Capitaine cōbatant sous Charlemaigne contre les Saxons, voyant ses Soldats mal endurans, & qui à toute force s'en vouloyēt retourner, leur escriuit vne epistre en
laquelle

laquelle estoyent ces mots, *Qui vult recedere pergat, ego autem non hîc stabo.* laquelle estant tumbee entre les mains de ce grand Roy, il estoit en volonté de luy faire vn mauuais tour, mais vn point rabilla tout, auec sa perseueráce: Car il fit entendre qu'il en tédoit dire *Qui vult recedere pergat, ego autem nõ, hîc stabo.* Au lieu qu'on auoit leu, *Qui vult recedere pergat: ego autem non hîc stabt.*

Vn magister de Picardie irrité de ce quelques auant coureurs du camp de la Royne d'Hongrie luy auoyét rompu vne cage fit par despit ce verset,

Reginam albam occidere bonum est timere, nolite, etiam si omnes consenserint, ego non.

Qui se peut autrement interpreter ainsi punctué.

Reginam albam occidere bonum est: timere nolite, &c.

Vne femme bonne compagne auoit mis pour deuise, A Dieu honneur: l'on mit apres A Dieu. vn poinct, de sorte qu'il sembloit qu'elle mit au loing l'honneur, disant, *vale honor*.

Ie viendray maintenant aux mots coupez, & commenceray sur l'interpretatiō d'vn prouerbe vulgaire, pourquoy l'on dit Moutarde de Dijon, car à la verité la moutarde n'y est meilleure ny plus frequente qu'ailleurs, encor que certains larrons d'hosteliers, pour abuser le monde & confirmer mieux ce prouerbe, vendent bien cher de petits barils & pains de moutarde propres à mettre dans la gibbeciere, plus pour la césualité des curieux que pour appetit qui y puisse estre: car pour la conglutiner il y faut entremesler de la terre grasse, & autres choses moins nettes. L'origine dōc de ce dire n'a pas pris sa source de là, ains a cōmenté sous le Roy Charles sixiesme, en l'an 1381 lors que luy auec Philippes le Hardy son oncle furent au secours de Loys Comte de Flandre beau pere dudit Duc, où les Diionnois qui de tous temps ont esté tres-fidelles & tres-affectionez enuers leurs princes, se môstrerêt si zelez, que de leur mouuemét il enuoyerent mille hommes conduits par vn vieil Cheualier iusques en Flâdres: ce que reconnoissât ce valeureux Duc leur donna plusieurs priuileges, côme de pouuoir tenir terres en fief & autres, & notamment voulu que à iamais la ville portast les deux premiers chefs de ses armes, selon qu'auiourd'huy encor elle les porte: sçauoir My party sur gueulles, premier quartier d'azur semé de fleurs de lis d'or à la bordure componée d'argent & de gueulle, second quartier d'Azur à trois bandes d'or, borde de gueulles: luy dôna en outre son cry, autrement sa deuise qu'il fit peindre en leur enseigne, qui estoit,

*Mout me*ʼ*erde*

Mais comme ceste deuise estoit en

DES ÆQVIVOQVES

roulleau de la façon qu'encor auiourd'huy elle est esleuee en pierre à la porte de l'Eglise des Chartreux de Dijon, qui tire au petit cloistre du costé de Midy en ceste sorte,

Plusieurs qui la voyent mesmes les François ne prenant garde au mot de me, ou dissimulant le voir par enuie, allerent dire qu'il y auoit moutarde & que c'estoit la troupe des moustardiers de Dijon.

En ladicte ville on reuere aussi aux Cordeliers en vne Chapelle S. Friant au lieu de Sainct Onufrient pour ce que il est escrit en ceste sorte:

Vn quidam nommé Ian de nom &
qui l'estoit peut estre aussi de surnom,
comme son Epitaphe l'enseigne.
Artibus vxoris linandus qui fuit hic iam
Dudū factus auis summa per astra volat.
Fit peindre sur sa cheminee, ceste belle deuise pour paruenir i'endure : mais ce peintre soit d'ignorāce ou d'industrie l'auoit ainsi ortographié, & accommodé sur la cheminee.

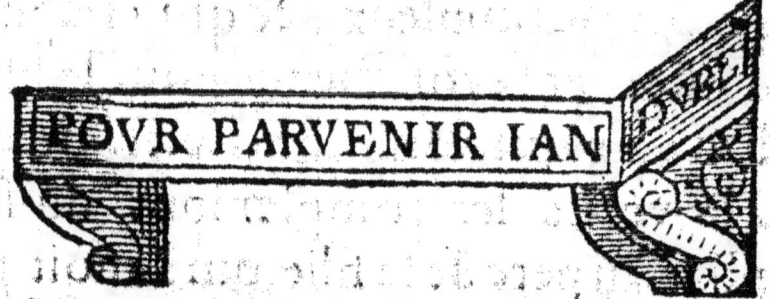

Vn autre auoit fait peindre ce verset du Psalme, *In memoria æterna erit iu-*

DES ÆQVIVOQVES,
ſtus, mais pour ce que l'vn des coins de sa cheminee eſtoit a l'obſcur, on le liſoit ainſi.

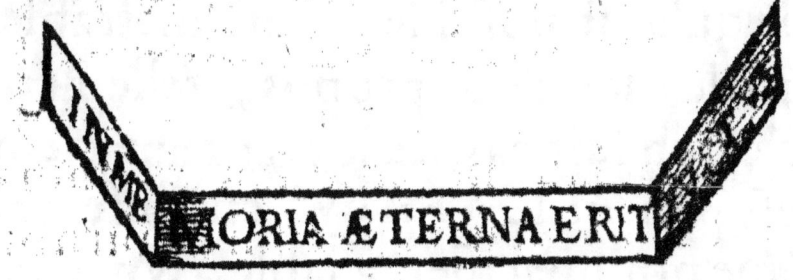

De ſorte qu'on liſoit, *in me moria æterna erit*: C'eſt à dire en François, En moy ſera perpetuelle folie, au lieu que ce verſet ſelon ſon ſens ſignifie la memoire du iuſte viura eternellement.

Tu te contenteras de ces exemples, parquoy ie finiray par l'epiſtre ſuyuãte laquelle fut faicte par vn perſonnage fort ſcrupuleux, & qui craignant d'offenſer ſa conſcience pour le fils de ſon amy qui ſe marioit, il eſcriuit ainſi à la verité les complexions du ſuppliãt au pere de la fille, qui l'auoit prié de s'en enchercher au vray,

Monſieur celluy perſonnage, du-

FRANCOIS. 44

quel m'auez escrit pour le mariage de voſtre fille, il eſt ieune mais eſtimé, & vn des-honneſtes, & de façon auſſi ciuile qu'il eſt poſſible, il eſt mettable, il parle bien & à propos, tellement qu'on en fait cas, il a le cœur aux cieux il eſt patient, fort hardy, en different hôme pour pacifier, affable à vn chacun, à ſes voiſins modeſte, & ſur tout il deſire apprendre, bref, il eſt vn des priſez & des honorez de ſon eage, ie vous prie le croire comme d'vn grand experimenteur en telles affaires.
Senſuit l'interpretatiõ æquiuoquáte.

Monſieur celluy pert ſon eage duquel m'auez eſcrit pour le mariage de voſtre fille, il eſt ieune meſeſtimé, & vn deshóneſte, & de façon auſſi ſi vile qu'il eſt poſſible, il aime table, il pert le bien, eſt apre aux pots tellemét qu'õ n'en fait cas, il a le cœur otieux, il eſt pas ſciét, fort tardif, en differét hôme pour pas s'y fier, àfable à vn chacũ

F iiii

DES ÆQVIVOQVES.

a ſes voix immodeſte, & qui deſire ſur
tout prendre, Bref, il eſt vn despriſé &
deshonoré de ſon aage: Ie vous prie
le croire comme d'vn grand eſprit
menteur en telles affaires.

DES ÆQUIVO-
ques Latins François.

EN SVIVANT l'ordre des æquiuoques, il ne sera mal à propos apres ceux du François au François, descrire ceux du François au Latin : Ausquels il ne faut autre diffinitió que la precedente, i'adiousteray seulement que les vns se font de sentences ou periodes qui ont vn sens parfaict au Latin, & rendent aussi vn bon sens en François : les autres se font de mots Latins mis de suite qui ne font aucun sens en leur langue, mais rendent au François vn sens parfaict. Des premiers les exemples sont rares, Des seconds ils sont assez familiers, comme

DES ÆQVIVOQVES

tu pourras veoir es exemples suiuants:

Natura diuerso gaudet.

C'est vne sentence, qui signifie, que nature se delecte de varieté, qui fait cet æquiuoque biberonique,

Nature a dict verse au godet.

car godet c'est à dire au gobelet.

Tartar a culpa tenet.

Signifie en françois la faute n'attend que l'enfer: & rend cet æquiuoque veritable

Tard ara cul pasté net.

C'est à dire, qu'vn pasté aura tard le cul net, car plusieurs prononcent ara, au lieu d'aura.

Tu as veu deuant aux rebus de Picardie, *Habe mortem præ oculis*, auec son interpretation que ie ne repeteray pas icy.

Requiescant in pace.

C'est à dire, qu'il reposent en paix: pour y æquiuoquer, on feint qu'il y a à la porte vn homme nommé *Quentin* qui tire vne racle (certaine espece de marteau) laquelle de son bruit faict Rʀé celuy qui est à la maison demande qui est ce? Il dit, Quentin: puis on dit ouurant la porte, passez.

Ré qui est ce? Quentin, passez.
Iliades Curæ qui mala corde serunt.
C'est à dire comme est ce que les sou-cis Troyens semét le mal en leur cœur?
Cela fait vn æquinoque sur deux Curez play dans,

Il y a des Curez qui mal accordez serót. *Rothomagensis*, c'est a dire vn Normand de la ville de Rouen, qui dit,
son menge du Rost, Thomas, i'en suis.
Quia mala pisa quina,
Pource que cinq pois sont mauuais: en François il donne ceste belle sentence.
Qui a, mal a, pis a, qui n'a,
En la ville de Rouen vn superbe Gentilhomme mercadente Florentino: fit peindre en grosses lettres d'or sur sa cheminee RESPICE FINEM. Et có-

DES ÆQVIVOQVES

me R & M, estoient plus eminentes, les laissant là, restoit, Espice fixe, qui estoit à vray dire l'origine de la noblesse de ce venerable mestier.

Ducum est amor rus cœli aquilæ vitam,
Du con est amoureux celuy à qui le vit tend.

Vn certain s'estant retiré deuers le grand Roy François, pour estre pourueu d'vn estat de finances. Le Roy auquel l'on essayoit lors des botines, qu'on surnommoit des brodequins interrogea plusieurs assistans, comme on les pourroit appeller en Latin, entre lesquels ce financier se hazarda de dire, Sire c'est à mon aduis, *Brodequinevs*, car notez qu'il estoit Bourguignon & prononçoit *eus*, au lieu d'*us*, Le Roy tout esbaudy du plaisant patois Bourguignon latinogotisé, exclama en soubriant, Foy de Gentilhomme il dit vray, car ces brodequins sont neus, & veu l'admirable subtilité de ce grand latinizateur, il le declaira tres-digne de l'estat qu'il pretendoit. I'ay veu faire ses follastres questiõs sur æquiuoques d'vn seul ou deux mots.

Quel verset des Pseaumes ayment mieux les femmes, C'est, *& ipse,* au *De profundis* disoit vn bon compaignon en certaine compagnie de femmes, car *Et ipse redimet,* c'est à dire, Red y met, ou roid y met qui est ce que vous aymez le mieux.

Vne de la troupe pour se venger le fit victus, car il ne peut deuiner le verset des sept Pseaumes le mieux habillé qui est *Tunc acceptabis,* car elle disoit Tunc a sept habis. Celle là mesme disoit aussi que *Et perdes omnes,* estoit le plus mauuais paticier du monde pour ce qu'il y a *Et perdes omnes inimicos,* Il n'y met que os.

L'on dict vulgairement aux petits enfans quant ils apprennent leurs Pseaumes qu'ils demeurent long temps à *la-*

DES ÆQVIVOQVES

boraui, laboure enuy.

Habitauit, c'est à dire vne brayette, quasi habit à vit.

L'on dira *habitaculum*, habit à cul long, à mesme raison.

Vn quidam seruant ses hostes d'vne perdrix, pour contrefaire le Limosin rabeletique & le spirituellement liberal, leur disoit, Messieurs *omnia tentate*, Quant la perdrix fut mangee, on luy feist responce, On y a tant tasté, qu'il n'y a rien demeuré.

En vne consultation deux ieunes aduocats se debatãs sur l'interpretatiõ d'vn Chapitre, *Clerici* aux decretales, qui estoit fort aisé, vn vieil aduocat spectateur leur dict, Messieurs il n'est ia besoing du chapitre *Clerici*, car il faict bien cler icy, & en apres leur resolut bien aisement leur different.

Aux lettres de la Chancellerie de Frãce ils ont encor retenu pour le iourd'huy la façon de mettre en Latin *Con-*
tinuor

LATINS FRANÇOIS.

tentor, pour dire ie suis côtant, surquoy æquiuoqua plaisamment vn certain à qui l'ou l'auoit bien faict acheter, car apres que les lettres furent presentees en iugement, & que l'on vint à lire ce mot, ouy de par Dieu ouy, il peut bien mettre, or côtent, car i'en ay payé cent escus, estimant que *Contentor*, fust à dire OR CONTENT.

Il n'est pas mauuais d'vn autre qui ayant appellé coqu a vn qui l'estoit vrayement, & dont la preuue eust esté fort facile. Neantmoins par ce que noz mœurs ne permettent d'iniurier personne, encores que l'iniure soit vraye, en estât appellé en iustice, il dit, qu'il l'auoit simplement appellé *coquus* en Latin qui signifie en François vn cuisinier, à cause que le demandeur en reparation auoit faict n'agueres vne fort bonne *fricassée* sur vne perdrix. Ie ne veux oublier la deuise d'vn bon compagnon nommé Corniol, qui est. *Cor-*

DES ÆQVIVOQVES.

nud confringam, & en François, Corps nud a confringant.

Ie sçay bien que l'on pourra dire qu'il y a autres dix mille exéples semblables & plus gracieux que ceux que ie propose, ie l'accorde, mais aussi ie me contente que l'on cognoisse, que ie reduy seulement en forme d'art & quasi par lieux communs, infinis cóptes, qui par faute d'estre bien adaptez perdoient leur grace, & s'escouleroiét hors de la memoire.

Ces exemples suiuans sont de la seconde espece sçauoir de bós mots Latins qui s'entresuiuent sans esgard ny de substáce ny mesme de Grammaire, qui rendent quelque bon sens Fráçois par leur æquiuoque: les plus excellens se font auec telle quantité bien obseruee aux vers que cela rend à ceux qui entendent la langue Latine, vn son agreable aux oreilles. Le plus ancien & premier que i'aye remarqué, c'est vn

LATINS FRANÇOIS. 50

Epitaphe de Charles le terrible dernier Duc de Bourgongne, escrit au cimetiere des morts à Nancy, duquel i'estime que les autres ont appris l'inuétion : l'on tient qu'il fut composé par le Secretaire du Duc mesme, qui s'estoit rendu au seruice du traistre Comte Canipaboche Italien, qui fut seul cause de la ruine de ceste maison, dont ce poltron ingrat auoit receu tant de faueurs,

Res amor ac tendit videas ita principis aula
   Oruit auersa vincula noua gregis.
Qui fuit ille vada belli duc gēis ob vmbras
   Feruet es arma volās fulmina scire vales,
O folium venti contraria perde sagittas,
   Foribus & mortes nulla sepulchra premis,
Quatuor argento nudos & cornua terres
   Si mortem ferias Platea dura Iocis.
Flandria diuertens nam si victoria surgens
   Læsos terra iaces qui mala tanta perit,
Andrea perduces cōsors auferre nefandus,

         G ij

DES ÆQVIVOQVES

Duc finem fit adhuc Gloria p̃ ùfque decus.
L'interpretation eſt,

Re bz a morac tendis, vuidé as, il t'a pris cy
  pu aux lacz

  On rua il ta verſé, vaincu la nõ a gré, gis,
Qui fuſt il euade belle, li Duc gentil au bon
  bras
Fer veſt & ſarma, volant fulmina ſire &
  valez.
O foll lion vent t'y contraria, par deça giſte as
    Fort y beuz & mort es, nul a ſepulchre,
      à pré mis
Qu'as tu or argent tout nud d'os, & corps
  nud a terre es
    Si mort enfer y a plates à dur aage occis
Flandre y a diuers temps Nancy victoire y a
  ſur gens,
  Les os terre à ia ſecs qui mal attend à peril
André a perdu ſes conſors, au fer René fen-
  dus.
Duc fin en fit' a Duc, gloire y a plus que
  deſſus.

LATINS FRANÇOIS. 51

Il feist encore l'epitaphe du cheual.

En pré morel icy est, celle, bridé, mor: &
quoy gist
Fuyant eut en dos, coupy a long aspre au
cul

En premor eliciet celebri de morte coegit
Fiant vtendos copia longa procul.

On y adiousta ceste periode depuis

Ille tunc beatam, Caro sic lutum tuæ.
Il est tombé à temps, car aussi l'eust on tué.

Ces suiuans ne seront à mon aduis trouuez mauuais, encor qu'ils soient vn peu salles,

Mors pium acu sæni, qui grande barba-
ra latum
Morpion à cul faict nid, qui grade barbe a
raze la tond.
Vela meü Cupres, sensi febrem metit omnes.
Voila mon cul pres, sens s'il faict bran, metz
y ton nez.

Durant noz guerres ciuiles, on a faict ces suiuans,

Errant sumpta meos folij sunt vela secundi,

G iiij

DES ÆQVIVOQVES

O nos tanta venus omnia maio via.
Errans sont a Meaux, fols ils sont, voila ce
 qu'on dict
O maux tant aduenuz on y a mal obuié.
Parco quingentis quasi prima corona secūda
 Messis mille suis sunt fora lege pari
Par coquins gentils quasi pris ma couronne
 a ce Condé
Mais six mille Suisses ont fort allegé Paris.
Somniat atra pedes huc nos mala vise ge-
 mentes.
Pendo stilla diu qui fuit arma leue.
Sony attrape des Huguenots mal auisez ie
 m'en tais
 Pendez cestuy-là Dieu qui fuit, armes à
 leue.

Encores que la quantité du vers ne soit pas bien obseruee au distiche suiuant, si le mettray-ie pour sa naïfue grace.

Si cum stipe tu es, subitque tu aras a valle
 Lesus deformis tunc feràsque pete,
Si constipé tu es, subit que tu auras aualé

Les œufs de sourmis tu ne feras que peter

Ah miserable sos ædes perit ô mala visa

   Quartam plus an auez plus & amasse voles,

Ah miserables sots & d'esprit ô mal aduisez.

   Car tant plus en aués plus & amasser voulez.

Apres les vers suiura cest hemistiche.

   Qui vita, barbara siuit

Qui vit a, barbe aura s'il vit.

La syllabe, au, du mot aura, se prononce ordinairement, comme qui diroit ara.

Or si l'on s'est delecté sur ceste inuétion en vers, aussi à lon bien faict en prose comme le tres-ingenieux & sçauant personnage monsieur Toruabat, lequel apres les plus serieuses occupations ne desdaigne point de s'sbattre en ces spirituelles inuétions, qui escriuoit à feu monsieur Belleau excellent Poëte Frãçois, l'inuitant à disner pé-

DES ÆQVIVOQVES.

dant le ſeiour d'vn quatre ou cinq mois, qu'il fut contrainct faire eſtant malade en ceſte belle & forte ville, ſize ſouz l'eleuation du Pole deg 47.
M ½ ayant de longitude deg. 26.
M ¼ ſelon la ſupputation de Ptolomee

Sciens beſtia quia bellum ſi me ſcire iam & decet auis, cera tolle caſa digne, Quanto vini ſtatera, & ſiner bonam cera per ſe dum excellent, iam Marti pati circum ſenent ratum fera proli ſuæ.

Ceans beſtia, qui a bec long (nota que c'eſtoit vne becaſſe) ſi Meſſire Iean eſt de ceſt aduis, ſera tout le cas a diſner. Quant au vin il ſe taſtera, & s'il n'eſt bon, en ſera perſé d'vn excellent, Iean Martin paticier conſonant raſton (eſpece de tarte) ſera pour l'iſſue.

I'ay ouy dire auſſi le ſuiuant il y a plus de deux quarterons de mois.

Sacula quæ tuas fideliſque fuiſſet
Secula que tu as fy de luy que fouy ſoit.

L'on dit vulgairement ly au lieu de luy. On en peut auſſi faire des entre-

LATINS FRANÇOIS. 53

lardez moitié François & Latin cóme.

    Sero   montes,
    Mane   fontes
    Sero montes Sero. i. le soir
    Mane fonte, Mane. i. le matin.

Quelques autres pedants de villages font des lanternieres questions, comme qui tua Penelopé? ce fut Hanc vnde versus, Hanc tua Penelope.

Mais cela est si fade à mon aduis que i'aime mieux me taire que d'en alleguer, encor qu'vn bon vieil Curé ayt pris la peine d'en ramasser trois ou quatre cayers, qu'il m'a communiqué: s'il les fault imprimer & que les voyez, vous en direz vostre ratelee.

DES AEQVIVO-
ques doubles.

Chap. 6.

NONOBSTANT que i'aye peu de matiere pour remplir ce chapitre si ay-ie voulu mettre à part ceste espece particuliere des æquiuoques que i'appelle doubles pource qu'outre les æquiuoques du François au François encor il y a æquiuoques du Latin au François. L'inuention consiste à trouuer des mots Latins soit en vers ou en prose, lesq̃ls pronõcez de suite æquiuoquãs à d'autres mots François, desquels encor la substance ne vaut rien,

DES ÆQUIVOQUES

si l'on n æquiuoque encor sur d'autres mots François. L'exemple l'instruira mieux que ma diffinition.

Musca tonus naues sed cantus funera vota.

Ces mots interpretez de suite sans article s'interpretent ainsi.

Mouche tõ nez mais chãt morts veus.

Lesquels mots Frãçois equiuoquét sur

Mouche ton nez meschant morueux.

Ponere lapidem ianua magna vidit.

Maistre pierre porte grand vid

C'est à dire,

Maistre pierre porte grand vit.

Et sa voisine est *stulus mensa* fou table. D'interpretation il n en est ja besoing

I'ay veu en vn vieil liure d'Eglise ce distique,

Sed serratores submersi tessera dama
De fero mare hic liber aut viridis
Mais sieurs noyés dez daim
De fer mer ce liure ou vert

C'est à dire,

DOVBLES.

Meßieurs n'ayez desdain de fermer ce liure ouuert.

Il y a long temps que i'ay ouy publier ces suiuans.

Nam nec habet seruum regnat cum cardine sœdo.

Carne ha valle regne auec gon erd

Castigatne regit cunnus fraudꝰ sibi iunctos.

Et autres que ie laiſſe ſciemment tant affin de n'offencer perſonne que pour ce que ie n'en fais mie grand cas.

DES AVTRES
EQVIVOQVES PAR
Amphibologies vulgairement appellez des Entend-trois.

CAAP. 7.

Ovs suiurons encor ces æquiuoques par les Amphibologies qui sont æquiuoques à deux ententes, que noz bons peres ont surnommé des entendtrois. Et mesme nous auons encor ce prouerbe ordinaire, que quant quelqu'vn feint ne pas entédre ce que l'on luy propose, & respód d'autre, on dit qu'il faict de l'ētédtrois. Or ces Amphibologies ont esté estimees si frequétes entre les grecs & Latins que les philosophes ont estimé to⁹ les mots du móde estre subiets à diuerses interpretations Ciceron en son second *De Oratore* suit ceste opinio, dit *nullum esse verbū quod non sit ambiguū*: & en l'oraison *pro Cecinna*, dit que ce ne sera iamais fait qui voudra chiquoter tous les mots, ce qu'il appelle *verba aucupari*. Et que iamais nous n'aurons mesme seruice de noz seruiteurs. Les respóces d'Esope à son maistre Xatus en font preuue suffisante, quãt il porta le bon plat à sa chienne au lieu de le porter à sa femme: pource que Xãtus luy auoit dit, portez cela à m'amie. Quant il fist cuire vne lentille quand il apporta le bassin, & peu apres de l'eau dans la main. Or on voyoit aisément que c'estoit d'vne malice affectee que ie treuue estre sans grace, & estime que Esope estoit digne de ne manger qu'vne lentille pour vn repas, de boire vn seau d'eau, & d'estre bien battu par sa maistresse. Car il sçauoit bien qu'vne lentille n'estoit pas suffisant repas, &

que

que l'eau ne seruoit de rien ainsi aportée sans bassin, ni le bassin sans eau. Et croy qu'il n'y a gueres de personnes auiourd'huy que si leurs vallets vouloiét plaisanter de ceste sorte qui ne leur fissent rabattre leurs plaisanteries æsopiques d'autre sorte que ne fit ce Philosophe Xantus. Les Latins en quelques endroits les ont aussi appellez vices d'oraison: comme Quintilian lib. 7. ca. 10. qui en rapporte plusieurs, comme.

Iubeo poni statuam auream hastam tenentem.

Hæres meus vxori meæ dari damnas esto argenti, quod elegerit pondo centum.

Nos flentes illos deprehendemus

Il est ambigu au premier si la statue ou la lance seulement sera d'or.

Au second si le choix de l'argent est à la femme ou à l'heritier.

Et au dernier si ses trouuâts ou trouuez ploroyent, Le mesme autheur en apporte d'autres plaisants & gracieux

H

AVTRES

*lib.6.cap.4.de risu, & lib.1.ca.*10. Côme aussi Ciceron *inter iocos oratorios* en a raporté quelques vns comme pour exéple. Ainsi que le fils d'vn cuisinier prioit vn seruiteur qui deuisoit auec Ciceron de luy vouloir estre fauorable, le seruiteur ayant respondu *fauebo*: Ciceron sans estre prié luy dit, *Ego quoque tibi fauebo*, amphibologisãt sur coquus au vocatif. Les Dialecticiens trouuent pour maxime que l'argument est sophistique quant il y a vne amphibologie en iceluy. Et le bon Accurse sur la loy, *ea est natura de reg. iur. & l. natura de verbo. signif. ff.* appelle telle cauillatiõ sophisma, dõt est prouenue la degeneration de ce beau nom sophiste, qui de son origine signifioit celuy qui enseignoit la philosophie, ainsi que raportent Philistratus & M. Victorinus. Et maintenant selon Suidas est appellé, ὁ ἐπιρέαζων ἔχων ἐν τοῖς λογοῖς c'est à dire celuy qui *in verbis volens calumniat*

ÆQVIVOQVES.

struit & cauillatur. au lieu qu'au commencement quant ce beau nom de Sophiste estoit en sa splēdeur les faiseurs de tels arguments estoyent appellez *plani & sicophantæ*, comme tesmoigne Plutarche. Auant que passer plus outre ie mettray icy ces deux ou trois exēples

Quisquis arat littus littus proscindit aratro:

Ast operam perdens littus perhibetur arare?

Ergo operam perdens littus proscindit aratro.

Cest autre est gentil.

Filia sub lilia mea nec subtilia fila.

Item.

Mala mali malo mala contulit omnia mundo.

Mala enim maxillam & malum mali pomum dæmonis significat, dont on a fait cest argument.

Omnia mala sunt vitanda,

Poma sunt mala:

H ij

AVTRES

Ergo poma sunt vitanda.

Item:

Mus caseum edit.
Mus est syllaba.
Ergo syllaba caseum edit.

Item.

Populus est arbor,
Multitudo ciuium est populus.
Ergo multitudo ciuium est arbor.

Pontanus recite, que de son temps il y auoit vn celebre sophiste Parisien qui acquit grande reputation pour sçauoir faire de tels argumens: car il se vantoit mesme de faire victus Charon, disant.

Morietis Charon, & sic argumentor:
Omnis Caro moritur,
Tu es Charo,
Ergo morieris.

Et estant sur sa barque il disoit,

Remus frater fuit Romuli
Plures isthic remos habemus.
Ergo plures fratres Romuli habemus.

ÆQUIVOQUES.

Il adiousta encor,

    Palus est quam nauigamus:
    Palus autem lignum est:
    Ergo lignum nauigamus.

Cestui-cy n'est pas moins ingenieux,

    Le Mouton est vn signe celeste,
    I'ay mangé du mouton,
    I'ay donc mangé d'vn signe celeste.

Item, *Gemmæ sunt lapilli preciosi,*

    Gemmæ sunt in vitibus,
    Ergo lapilli pretiosi sunt vitibus.

Il n'est pas encor trop mal sans y penser: car si les pierres precieuses ne sont aux vignes, ce qui en prouient fait de beaux rubis sur les nez.

Les Iurisconsultes n'ont pas voulu estre exemps de ces argumentations, car ils ont bien faict ces suiuants,

    Testamentum lex est §. disponat de nupt. coll. 9.
    Solus princeps potest condere legem. l. fin. C. de cl.
    Ergo solus princeps potest facere testa-

mentum.

Item,

Quod in nullius bonis est occupantis fit l. 3. ff. de acq. rer. domin.

Res sacræ in nullius bonis sunt l. 1. ff. de rer. diuisi.

Ergo res sacræ primo occupanti conceduntur.

Ce qui a esté fort bien practiqué durant les troubles par quelques vns.

Vn autre docteur Archisophiste les a ainsi voulu faire punir.

Calumniator lege Rhemia punitur l. 1. ff. ad S. C. Turpil.

Vtens fallaciis vel sophismatis est calumniator, Accur. in gl. dict a l. natura ff. de verb. sign.

Ergo vtens fallaciis rhemia lege puniendus est.

Mais il seroit par ce moyen le premier subiect à la peine.

Or sans plus m'amuser à garder vn ordre certai, ie voy entasser pesle mesle les exemples selon qu'ils me sont suruenus l'vn apres l'autre en fantasie.

Nos Annales raportent en la vie du Roy Philippes Auguste, que la Contesse de Flandres Espaignolle s'estant enquise par sort quelle seroit l'issue d'vne bataille que son fils Ferrant auoit entrepris contre le Roy, elle receut respóce qu'elle publioit par tout, qu'on se combatoit, que le Roy seroit abbatu, foullé aux pieds des cheuaux sans sepultures, & Ferrant receu à Paris en grand pompe & triomphe apres la victoire. Mais il n'aduint pas comme elle pensoit: parce que encor que le Roy fust abbatu, foullé aux pieds des cheuaux, il ne mourut pas, mais triompha à Paris de Ferrant qu'il prit prisonnier, Voyla comme son sort damnable le deceut & trompa par vn entédtrois.

Qui fut semblable à celuy donné par l'oracle d'Apollon au Roy Crœsus qui auoit enuoyé demander s'il feroit la guerre à Cyrus Roy des Perses. Car l'oracle donna responce que s'il prenoit la guerre contre iceluy, vn grand Empire seroit subuerti: mais ce fut en fin celuy de ce Roy Crœsus, & non de Cyrus, comme il auoit mal pris, Aucteur Herodote liure premier.

Le mesme Crœsus fut aussi deceu par la responce d'vn autre oracle qui luy fit entendre que son Royaume ne seroit iamais gaigné que par vn mulet, ce qu'estimant impossible il fut trompé. Car Cyrus estant bastard, que les anciens & modernes appellent mulet, luy fit sa reste (comme cy dessus est dit) & entédoit d'vn mullet à quatre pieds, au lieu qu'il deuoit entendre d'vn mulet à deux pieds.

Cest autre est tiré d'Æsopus en la vie d'Alexandre le grand, liure non encor imprimé, que ie scache. Il dict donc que Alexandre desirant sçauoir ceux qui auoient tué Darius, il disoit, ie suis bien ioyeux d'auoir subiugué vn si grand ennemy que Darius, combien que ie n'aye pas faict moy mesme l'execution, mais i'ay bonne enuie de rendre graces condignes à ceux qui m'ont faict paroistre par ce moyen leur bonne volonté, les priant de se declarer: car ie iure & proteste par la maiesté de mes pere & mere que ie les eleueray & rendray sublimes & trescogneus. Ce que entendu Bezase & Ariobarzanes se vindrent presenter à Alexandre, & declaras que c'estoiét eux qui auoient faict ce coup, demanderét leur guerdon suiuant sa promesse. Sur ce Alexandre les faict empoigner & pendre en vn lieu fort eminent: ce que fut contre l'esperance de tous. Et toutesfois il souloit dire qu'il n'auoit point faulsé sa foy: pource que selon son dire il les auoit rendus sublimes, haut esleuez, & bien cogneuz.

AVTRES

Or s'ensuyuent maintenant des follastres & gaillars de nostre temps sans tourmenter la memoire de si loing.

Vn certain Conseiller allant au palais sur vn mulet, qui ne vouloit pas aller, disoit de cholere à son seruiteur, veux tu faire aller ceste beste? Ce seruiteur ingenieusement fit responce, qu'au diable soit l'asne tant il me fait de maux, à vostre aduis parloit il du maistre ou du mulet.

Vn autre à l'issue du conseil, priant vn de ses collegues à disné assez froidemét: l'inuité luy respódit, ie vous prierois moymesme, mais ie croy que ie n'ay rien de bon. Le seruiteur qui les suyuoit, sans estre interrogué, luy dit: pardonnez moy monsieur vous auez vne teste de veau.

Il aduint du regne du grād Roy François curieux sur tout de la iustice que s'enquerant d'vn President d'vn certain Parlement, comme elle estoit administrée par luy, il fit ceste responce, Sire le mieux du monde, car ie vous ay fait faire vn beau gibet à trois estages, à chacun desquels vous pendrez quatre hômes bien à l'aise. Le Roy qui cogneut le grâd discours, & Rhetorique de son president luy dit: or vous donnez garde si ne faites bien vostre charge que ce ne soit pour vous, & que n'y soyez pas trop à l'aise.

Brusquet, les Apophtegmes duquel s'ils estoyent par escrit surmonteroyët en gaillardise de beaucoup, ceux qui ont esté colligez par les Latins, voyant qu'vne grand Dame estoit acouchée à la Court, achepta cinq ou six cens escus du Palais, qu'il alla espancher parmy la rue, deuant sa maison, Criant *largesse, largesse*, & interrogé à quelle occasion: dict qu'il ne disoit pas largesse pour ces escus, mais largesse, à cause que la nouuelle acouchée l'auoit bien large.

AVTRES

Vn bon frelaut tenant le verre au poing, & le monstrant à vn sien compagnõ comme pour l'inuiter à boire, Monsieur voyla vostre amy, celuy auquel on parloit, estimant que cela s'entendoit de celluy qui parloit, le mercioit affectionnement. Les assistãs qui voyoient bien qu'on entẽdoit du vin, se prenoyent à rire. Depuis i'ay veu vsurper bien gaillardement, & de bonne grace ceste façon de parler en plusieurs compagnies.

Vn Cordelier se trouuant en vne troupe de Damoyselles, fut inuité à son tour de dire vn petit compte, mais il fit responce à celle qui parloit à luy; Madamoyselle, ie ne sçaurois faire vn Comte, mais ie feray bien vn petit Cordelier, L'on dit que cela aduint à vn d'autre profession. Mais en vn mot c'est tousiours de mesme, & le nom n'apporte gueres plus de grace à l'histoire.

ÆQVIVOQVES

A propos de Cordeliers, deux estans rencontrez par trois excellens personnages de longue robe: qui estoyent montez sur des mulets, l'vn d'iceux par gausserie leur dict, car notez qu'on le tenoit pour enfariné, où vont ses asnes, à quoy l'vn de ses Cordeliers prenant la parolle pour son compagnon ne fit autre responce sinon, sur des mulets, ie vous laisse à penser si ces Messieurs furent bien payez, & tout comptant,

Pour diuersifier nos Entendtrois. l'entrelarderay ces deux ou trois Latins fuyuans. Le premier se prédra sur l'interpretation d'vn vers de Virgile, au commencement du 4. de l'Æneide, où Didon eschauffée de l'amour d'Ænée est introduit parlant ainsi.

Quis nouus hic nostris successit sedibus hospes.

Quam sese ore ferens. quam forti pectore & annis.

AVTRES

Ce que les interpretes & translateurs de Virgile auec le commun calcul de tous, interpretent selon des Masures.

Combien vaillant d'armes & de courage.

Du Bellay a passé ce vers de sa version, comme il ne s'asuietit gueres aux vers ny aux mots. Sur lequel vers tombant vn iour en bonne, & doctement gaillarde compagnie, ie proposay qu'il se deuoit entendre ainsi à parler bon François,

Voyez son port & qu'il est bien quarré.

Car nous appellons vulgairement vn homme bien quarré qui a forte poictrine & longues espaules. Et pour monstrer que ceste louange estoit propre aux anciens, i'allegue Virgille au mesme lieu,

Os humerósque Deo similis.

Et combien que la dessus il me fut respondu par vn ieune sçauant personage que *Armus* s'entendoit des brutes: tesmoin Horace, *fæcundi leporis sapiens sectabitur armos.*

Ie luy fis refponce que les Grammariens l'appelloient propremét des brutes, mais qu'il s'entendoit auffi bien de l'homme. Tefmoin *Armilla* mot Latin qui fignifie vn haut de braffars qui coure les efpaules : Parquoy i'eftimoye que l'æquiuoque du mot *Armis* auoit deceu les interpretes.

Vn Capitaine qui auoit faict trefues de trente iours auec fes ennemis, ne laiffoit toutes les nuicts de les furprendre & gafter leurs champs: dont fe voyant repris pour auoir violé le droit de la guerre il dict qu'il n'auoit faict trefues que de iour & non de nuict, feignant par là ne pas entendre la loy *More. ff. de Feriis*. Qui entend felon la couftume ordinaire le iour de 24. heures, à fçauoir depuis minuict iufques à la minuict fubfequente.

Bodin raporte, que Loys vnziefme feignant d'auoir affaire du Comte de

Sainct Paul son Connestable, luy manda qu'il auoit affaire d'vne bōne teste, mais ceste bonne teste fut celle de ce mal aduisé Connestable, car il fut decapité, comme recite nostre Salluste Frāçois Philippes de Commines.

Ayant leu ce que dessus au logis d'vn sieur President, deux ou trois iours apres i'enuoyay mon homme pour emprunter ce liure, qui en l'absence dudict sieur s'addressa à la Damoiselle sa femme, & luy dict, que ie la prioys de m'enuoyer le Bodin de son mary. Dont ceste honneste & gracieuse Damoiselle me voyant le iour mesme, me dict, comment Monsieur qu'est-ce à dire, que voulez vous faire du boudin de mon mary? encor qu'elle sceut bien que c'est oit que ie demandois.

Chacun sçait assez l'erreur vulgaire que Sainct Iean mangeoit aux deserts des sauterelles & petites bestes qui
viennent

ÆQVIVOQVES.

viennent par les prairies, à cause de l'æquiuoque du mot grec ἄκρις, qui signifie telle espece d'animaux, comme aussi les extremitez des ieunes arbres, & bous des nouuelles branches, comme tient Nicolas Perot, & ne me soucye du contraire que tient Erasme *in annot. in c. 3. Mathæi.*

Vn certain prædicant, qui vouloit pindariser en chaire, & choisir des mots courtisás, pour applaudir à quelques Damoyselles fraichement reuenues de la Court, auoit coustume d'inuenter des mots, & entre autres, il appelloit la destinée *fatum* en Latin, le fat en Francois, surquoy vn gentil personnage rencontra ce distique.

Frere Iean Chassepoi tu te romps trop la teste
De nous prescher le fat escrit par Ciceron
Ne t'eschauffe pas tant, va tu n'es qu'vne beste
Pour bien monstrer le fat oste ton Chaperon.

I

L'on peint par semblable æquiuoque deux vieillards aupres de Suzanne, combien que ce fussent seulemét deux prebstres de la loy, qu'on appelloit πρεσϐύτεροι en grec, non pas pour leur aage, mais pource qu'ils estoient en ceste charge, signifiant ce mot *Presbyteri*, des prestres, & des anciens. Tout ainsi que les Conseillers d'auiourd'huy sont appellez *Senatores à senio*, mot qui signifie, ancien, parce qu'anciennement on ne mettoit en telles charges que des vieilles gens.

Qui occasionna vn vieil Senateur de Paris de dire, Que *non amplius in senatum, sed in iuuenatum ibat*: Comme temoigne le disciple de Ch. du Molin en son conseil. 57. voulant dire par là, qu'il failloit denominer le parlemét non pas de ce nom de vieil & ancien, mais du mot *iuuenat*, qui signifie assemblée de ieunes gens, à cause de la multitude des ieunes Conseillers qu'on y a receu.

Sans s'esgarer trop hors de ce propos, ie pourray dire en cest endroit l'æquiuoque de ces docteurs ou douteurs qui sont si curieux, *de pileo & birreto doctorali* qu'ils ne sçauroyent aller à selle sans cornette, de sorte qu'ils ont donné lieu au prouerbe, Beufs portent cornes & veaux cornettes.

I'ay veu n'agueres vsurper ce prouerbe fort à propos sur deux ieunes Aduocats qui furent si temeraires que de la porter entre des vieux & sçauans Conseillers & autres Aduocats, qui leur en donnerent vne viue attache en ma presence: mais pour cela ils n'en seront plus sages.

Rabelais n'a il pas gentillement descrit l'entendtrois de Raminagrobis, qui inuitoit ses Clietules per ses mots: Or ca mon amy, que demandez vous au Conseil, Or ca vostre question est telle, Or ca, or ie l'entends bien, Or la

I ij

mon ami, il ne reste plus que vous cõseiller, Or la, or la: puis l'ayant bien payé & satisfaict, il disoit, Or bien de par Dieu, Or bien vostre cas ne sçauroit mal aller, par lesquels trois dissillabes, or ça, or la, or bien, il faisoit entendre qu'on vint à luy, qu'on mit en sa gibbeciere de l'or, & quand on en y auoit mis que tout alloit bien.

Vn certain des plus diserts & sçauans Aduocats de son siecle, plaidant vn iour contre vn Abbé de Cisteaux pour vn pauure homme, allegua en plaine audience que Sainct Ambroise disoit qu'il se failloit garder du deuant d'vne femme, du derrier d'vne mulle, & d'vn moyne de tous costez. A l'issue du Palais cest Abbé vint rencontrer l'Aduocat, & luy dit qu'il s'estonnoit comme il auoit allegué ce Prouerbe de Sainct Ambroise, qui iamais n'en auoit faict mention: l'Aduocat asseurement fit responce, qu'il n'auoit rien allegué qui ne fuſt veritable. Ceſt Abbé eſtonné de ceſte aſſeurance, quoy qu'il fut treſdocte & des plus diligés Theologiens n'oſa pour l'heure replicquer, mais s'en va en ſon Abbaye, où il fit regarder à dix ou douze des plus aduencez de ſes Religieux, chacun vn volume des œuures de Sainct Ambroiſe, en fin apres s'eſtre longuement rompu la teſte, & veu tous les indices, retourna deuers ceſt Aduocat contre lequel il gagea vingt eſcus que tel prouerbe n'eſtoit aucunement dás Sainct Ambroiſe, en fin l'Aduocat luy monſtra ce paſſage autentiquement imprimé aux comptes de Bonauenture des Periers, où il allegue S. Ambroiſe, non pas ce ſçauant & chreſtien Docteur de l'Egliſe, mais vn Abbé de S. Ambroiſe nómé Colin, qu'on ſouloit ſurnommer à la Court Sainct Ambroiſe, qui fut cauſe que l'Abbé perdit ſa gageure, & depuis furent grand amys l'Aduocat & luy, à la charge qu'on n'allegueroit plus contre luy ce S. Ambroise.

Le magnifique Megret discourant vn iour auec vn vieil Capitaine François du faict de la guerre, il luy aduint de dire, qu'il failloit suyure vne certaine admonition de S. Paul. Lors ce Capitaine entrerompant sa parolle, dit, Que dites vous S. Paul, ie commandois desia qu'il estoit encore page, estimant qu'on luy alleguast vn Capitaine nommé Sainct Paul, quoy cognoissant Megret luy dit, Ie vous veux alleguer Sainct Paul l'Apostre : A quoy de rechef ce Capitaine fit responce, Il ne sçauroit rien dire du fait de la guerre d'auiourd'huy, car de son temps, il n'y auoit point d'artillerie.

I'ay appris d'vn magnifique Messer que suyuant la commune façõ de parler en France, quelqu'vn ayant dict à vn Italien Monsieur ce chien est il de vostre race ? il se mit en telle cholere (sentant peut estre sa conscience chargée) qu'il cuida tuer le François, qui luy faisoit cest interrogat, mais en fin ayant appris que l'on parloit ainsi vulgairement, il s'appaisa & souppa depuis auec ce François qui mourut cinq iours apres.

Vne Damoiselle d'honneur & de vertu vint vn iour de cholere vers son mary exclamer: cōment mon mary que diriez vous? vn meschant prestre a mōté trois fois sur moy pour six blancs: le mary sage & des plus aduisez de sa robe, se pensa de premier front alterer, mais ayant entendu que sa femme venoit de veoir des meubles exposez en vente, & que le prestre auoit surhaussé sur elle de six blancs, qu'on dit vulgairement monter, il se print le premier à rire de ceste montée sans descente.

Vn President d'assez bonne paste, voyant les deux fils d'vn sien collegue nouuellement mariez, lesquels long

I iiij

temps au parauant il n'auoit veu, leur dict en vne bonne compagnie, sans y mal penser comme ie croy, n'estes vous pas tels & tels, il me sēble (dit il) quant à vous, adressant la parolle au plus ieune que vous estes Iean. Sur ce l'aisné print la parolle, & dict, monsieur c'est moy qui suis Iean, dont chacun qui cognoissoit qu'il estoit vrayement & de nom & d'effect, eust depuis occasion d'en gosser.

Quelqu'vn voyant en place marchande aller des CC. deux a deux disoit:

Hos breuitas sensus fecit coniungere binos.
Quand on void deux bestes parler ensemble, on le peut aussi bien dire par forme de Prouerbe.

Vn bon compagnon voyant vne nouuelle acouchée d'vn beau garçon luy disoit: l'on void bien par le boulet, le qualibre de la piece, mais si vous voulez, ie vous enseigneray vne recepte, qu'on ne le verra iamais plus grand que l'œil, la femme qui n'entédoit pas qu'il vouloit dire, aussi grand que l'œil le void, luy respódit par cholere, qu'elle ne l'auoit pas trop grand, tant il fasche à vne femme qu'on luy die qu'elle l'a trop grand. Aussi les femmes ont vn prouerbe, que quand l'enfant est passé, c'est tout ainsi qu'vne pierre iettée dás l'eau, de laquelle on ne sçauroit remarquer la trace.

Ie cognois vne femme de *bona voglia* qui iouoit fort volontiers à toutes sortes de ieux, nommeement au Tarot, aduenue la mort de son mary l'on disoit qu'elle ne ioueroit plus au Tarot, pource qu'elle auoit perdu son excuse, toutes-fois elle n'a pas laissé d'y iouer depuis.

Vn autre galleuse disoit en iouant aux cartes, mon Dieu que i'ay vne belle main: ouy si elle n'estoit verolée, respondit vn qui perdoit, de grád despit,

AVTRES

N'est il pas bon d'vn certain transplanteur d'arbres qui les vendoit cheremét soubs l'asseurance qu'ils seroiét auiourd huy plantez & demain repris, dont beaucoup de personnes qui prenoyent plaisir aux fruictiers, furent deceuz, car ils achepterent vn escu l'arbre, lequel combien qu'il fut planté en leur presence, fut le soir mesme desrobé, & repris pour estre vendu à vn tiers selon que ja l'on l'auoit prins au parauant à vn autre. On a voulu imputer ceste faute, à Iandey de Plembeyre, mais il n'y daigneroit penser.

I'ay ouy racompter que certaines religieuses malades interroguees par vn Medecin si elles auoyent bon ventre, firent responce que ouy, & qu'elles faisoyent tous les ans chacune vn enfant, Voyla comme la double intelligence du mot, bon ventre, leur fit declarer leur secret sans y penser.

Durant les bruits de peste aduint

qu'vne Damoyselle de Lyon qui estoit bossue deuint malade d'vne fieure fort violente, l'on disoit à la terreur des voisins du commancement, qu'elle auoit vne grande Fiebure auec la bosse tres-apparente dont elle ne gueriroit iamais, mais en fin on trouua que ceste bosse n'estoit point contagieuse.

Et le voisin d'vn autre qui auoit tresbié frotté sa femme disoit qu'il ne s'oseroit retirer en sa maison ioignante celle de sondict voysin, parce que la femme d'iceluy estoit frappée, æquiuoquant sur sa basture, & sur le terme ordinaire de ceux qui sont tombez en danger de peste.

A l'assaut d'vne ville vn grand Seigneur qui auoit le col tort, s'en estoit approché, de sorte qu'vn boulet d'artillerie auoit chatouillé ses aureilles d'assez prez, l'on alla semer par tout le camp qu'il estoit mort soubs ombre

Avtres

qu'vn gosseur alla dire, que vn boulet l'auoit laissé le col tort.

Mais frere Sanson Cordelier n'auoit il pas bonne grace qui reprochoit aux portiers de Dijon auec grande exclamation, qu'ils faisoient mauuaise garde, d'autāt qu'on l'auoit detroussé prés leurs barrieres, sans que iamais persōne s'en fut donné garde, ny dit mot à ceux qui faisoient tels actes. Dequoy les plus furieux irritez prenans leurs arcbouzes vouloient courir apres ces destrousseurs, quand on s'apperceut que c'estoit vn vigneron qui luy auoit detroussé sa robbe qu'il portoit retroussée par les champs.

Les Regens du College de Boncourt à Paris ont ce serment, que iamais ne se mettent à table que le principal ne soit venu, mais ils entendent le principal, le vin, & non pas le principal du College, car sans le vin ils ne pourroient disner à l'aise, & si feroient bien sans le

ÆQVIVOQVES.

principal.

Le Roy Henry estant en grand soucy qu'il pourroit enuoyer deuant Bologne, que chacun iugeoit imprenable: Brusquet se trouuant present dit, Sire vous ne scauriez enuoyer vn plus propre & asseuré personnage, qu'vn certain Conseiller de Paris (qu'il luy nomma) car il prent tout, denotant par ce gentil mot ambigu, la sordité du personnage qui scauoit mieux qu'il ne pratiquoit la loy *solent. ff. de offi. pro cons. & leg.*

L'on dit que le mesme Brusquet voyant plusieurs empeschez à seller vne excellente mulle, mais farouche le possible, leur dit allez vers le Secretaire d'vn tel qui l'ors estoit Chancellier, ou garde des seaux, car il seelle tout.

Ie n'obmetray le compte d'vn Aduocat Esperlucat, si delicat qu'il perdit vne cause pour vouloir faire la petite

AVTRES

bouche, car comme la principale piece de son sac, luy fut mise en ny, il ne l'osa alleguer, parce qu'elle estoit cottée con. Qui fut cause que son client bailloit au diable le sot, & luy disoit qu'il debuoit plus tost alleguer toutes les pieces depuis K, & q, iusques à 2. & depuis l'appelloit l'Aduocat qui n'osoit dire le gros mot. Comme font aucunes femmes qui n'osent dire *laborauit, vitulos*, mais *labor a chose, & chose ulos*, ny *confiteor*, mais *chose fiteor*. Pensez l'habille homme qui craignoit de donner vn entendtrois de con au conspect de Iustice

Ces quatre fuyuants sont imprimez mais pour leur naifue grace *bis repetita placebunt*.

Vn Ambassadeur Allemant enuoyé au Pape par vn Prince d'Allemaigne prenant congé de sa sainéteté, le Pape luy dit en Latin: Vous direz à vostre Maistre nostre tres-cher fils, que ie m recommande à luy. A quoy cest Allemant contrefaisant paraduenture l'impatient & faignant n'entendre le terme ordinaire du Pape, qui nous appelle tous ses enfans spirituels, il fit responce, que son maistre n'estoit point fils de prestre.

Celluy n'estoit pas si leurré, auquel on auoit donné vne lettre pour porter à la Royne de Nauarre, & luy auoit on dit, baisez la auant que la luy presenter. Car de plain saut estant en presence de la Royne, il l'alla baiser en la bouche, & luy presenta apres ses lettres telles qu'elles sortoient de sa main.

Vne mere voyant que sa fille ne remercioit point son fiancé quand il beuuoit à elle, luy remonstra qu'elle n'estoit pas honneste, & luy dit, dites vne autre fois, ie l'ayme de vous grosse beste. Or la fille pensant auoir bien retenu sa leçon, n'oublia pas quant il beut derechef à elle de dire, Ie l'ayme de vous grosse beste.

Que vous semble de celuy qui mangea le papier où estoit escrite la recepte du Medecin, pource qu'il luy auoit dict, allez & prenez demain matin cela.

Vn Sergét dreſſa l'exploit qui s'enſuit.

A vous Monsieur le Lieutenant ſſ. Ie ſoubs signe certifie qu'en vertu de voſtre mandement de p. à la Requeſte de ſ. l'ay procedé par execution ſur N. pour conceuoir payement de la ſomme de d. lequel ne m'a voulu deliurer aucuns meubles, mais m'a dit, que par la morbieu il me tueroit ſi ie paſſois outre, & que i'eſtois vn coupaut double coupaut, Ce que ie certifie eſtre veritable &c. Or ſus ceſte certification eſtoit elle pas plaiſante & digne du cocu Sergent?

Des femmes auoyent elles pas bonne grace? Quelques follaſtres parlant deuant elles des baſſes marches diſoient

ÆQVIVOQVES. 73

soient, Vous parlez tousiours de meschancetez, allez, allez, cela est bon & bien ioly par dedans, mais il n'est pas beau d'en tant parler.

Vn Pinsegrineur d'Amadis de Gaule disoit vn iour en vne compaignie, que s'il vouloit il trouueroit des meilleurs termes du monde, voulant mostrer qu'il s'estoit estudié à parler proprement, mais vn bon villageois rencontra gentilement, luy disant: Monsieur songez vostre saoul, vous n'en sçauriez trouuer de meilleurs que la Sainct Remy, Sainct Martin ou la Toussaincts, qui sont les termes accoustumez, esquels on paye les rentes.

Vn officier du Roy nouuellement imprimé qui pour se depaiser & faire l'habille marche en dringuemoringue & parler en Iste miste, de peur de faire des enfans pratiqua vne recepte que luy auoit appris mere Pintette, sçauoir qu'il falloit mettre deux pots de terre

K

au cheuet de son lict, & que tant qu'ils seroiét separez & que les deux culs n'aprocheroient point, il ne feroit point d'enfant. Mais pour tout cela il n'a pas laissé de faire des enfans, car il ne comprint pas bien l'entédtrois, qui vouloit dire, que cest officier ne debuoit approcher son cul de celluy de sa femme.

Vn docte & sçauant President oyát vn Aduocat qui alleguoit *Aluatorus de feudis*, & se tourmentoit pour deriuer vn mot de Grec, il dit tout haut, hé le bon homme allegue du Grec, où il n'entendit iamais rien, il se trouuoit ambigu si c'estoit de l'Aduocat ou du plaidant que le President vouloit parler: Mais ie croy qu'il entendoit de tous deux.

I'ay veu & ouy dire plusieurs Enigmes par semblables entendtrois, cóme quand on dict i'ay veu vn four à cheual. Cela se peut entendre ou d'vn four à cheual, ou d'vn homme qui voyoit vn four à cheual.

Les Parisiens font grand feste quand ils disent qu'ils ont veu le grand Saint Chrestofle de nostre Dame de Paris à genoux, & que nostre Dame est sur le pillier qui tourne.

Le bon Azo grand Iurisconsulte de son siecle, & qui a le premier glosé les loix, contre l'edict de Iustinian, ayant vn iour disputé à Bolongne contre vn Sophiste, luy donna vn grand coup de cousteau, à l'occasion dequoy il fut condamné à mort, & comme apres sa sentence prononcée, il exclama fort haut, *Ad bestias, Ad bestias*, voulant entendre la Loy, *ad bestias ff. de pœnis*, qui veut que la peine des excellés en quelque profession soit amoindrie. Les Iuges pensans qu'il les appellast Bestes, & les renuoyast aux bestes, ne cesserent iamais, bestes qu'ils estoient, qu'ils ne l'eussent faict mourir. Alciat qui a faict mention de ceste histoire *li. 1. parergon*.

cap. vlt non credit. mais de disputer contre ce seroit folie. Car cela ne feroit reuiure ce bon docteur.

L'on lit ez histoires Romaines que sous l'amphibologie du nom de Cité, les pauures Carthaginois furent merueilleusement frustrez de leur esperance. Car se fians à la parolle des Romains qui leur auoient promis que leur Cité ne seroit point ruinée, mais demeureroit en toutes ses premieres franchises, immunitez & libertez, ils se rendirent à leur mercy, quoy faict ils firent commandement à ces pauures Carthaginois de vuyder hors de leur ville, leur enioignant d'emporter ce qu'ils pourroyent, & puis firent destruire Carthage auec le feu. Dequoy se plaignans ses pauures gens, on leur dit que la promesse leur seroit tenuë, par ce que la Cité qui consistoit en eux mesmes non en des murailles, demeureroit en son entier.

Ie ne sçay si l'on pourroit excuser les Romains d'vne si captieuse façon de parler qui doit seulement auoir lieu plus-tost pour conseruer que destruire, pour absoudre que pour condamner: Comme le mõstra bien l'Empereur Aurelian, lequel ayant mis le siege deuant la ville de Thyane, iura qu'il n'eschapperoit pas vn chien qui ne fut mis à mort, ayant forcé la ville il defendit de tuer personne, & lors qu'on luy rememora qu'il ne gardoit pas le serment par luy faict, il dit qu'il n'auoit entendu parler que des chiens, lesquels il fit tous mourir & mettre à mort.

Et Sainct François fit aussi de mesme au regard d'vn larron auquel il sauua la vie, ainsi qu'il est rapporté par Angel. *in l. 3. §. si tibi iudicium ff. de condict. ob turp. cauf.* Car estant interrogé s'il auoit point veu passer ce larron qui taschoit de se sauuer en la ville de Perouse, il meit la main en son oreille, & dict, il n'est pas passé par là. Le mesme Docteur, *in l. Qui vas §. qui ex voluntate ff. de furt.* dict qu'il meit la main en sa manche. *Flo. in §. si tibi indicium Afflictus in constitut. in quæst. col 3. Ioan. de ana. in c. qui cum fure e. de furt. & Neuizanus in sylua nupt. l. 3. in verbo monitoriæ nu. 31.* dient qu'il meit la main à son chaperon.

I'ay expressement allegué ces autoritez pour monstrer que ces Amphibologies sont mesmes escriptes par les Iurisconsultes, & qu'à faute de l'intelligence desquelles plusieurs ont estimé les Antinonomies des loix irreconciliables, combien qu'elles fussent tres-faciles à accorder: Comme pour exemple le mot *exhibere* qui signifie le plus souuent *hominem aut rem in medium producere*, & quelques fois est de mesme signification que le mot *probare, l. fin de ædil. edict.* Ce qui a causé vne contrariété, entre les loix. 1. *l. redhibere, l. quod si nolit §. si mancipium ff. de edil. ed.* & la susdicte *l. finale.* aisée à dissoudre par l'intelligence dudit mot si on le prend au second cas pour ce mot prouuer, veu que autrement l'intellect seroit absurde, *Cùm notum sit mortuum exhiberi non posse l. si homo mortuus. ff. de verb. oblig.*

Vn ieune apprenty de Iustice nouuellement pourueu d'vne inferieure iudicature : ayant par aduis de quelques graduez, condamné vn couppebourse d'auoir l'oreille couppée, apres auoir luy mesme dressé la sentence, ne se souuint pas d'adiouster si c'estoit la dextre ou la fenestre, les graduez qui n'y prindrent garde de si prez, mais l'ayant signée *in fide parentum*, luy renuoyerent pour la prononcer, de sorte que quant ce vint à en faire lecture iudicialement en presence de l'accusé, quant il ouyt ces mots:

K iiij

Auons condamné & condamnons ledict accusé à auoir l'oreille couppée, il demanda soudain au Iuge : laquelle, monsieur ? Dont le Iuge tout estonné & surpris, dict en touchant sa propre aureille dextre, c'est celle là. Or dict le Criminel, ie n'en appelle pas, & si voulez, moy mesme la couperay, dequoy tous les assistans se prenans à rire, le Iuge replicqua, i'entends la tienne dextre. Ce que entendu par ce pauure coupebourse, il dit i'en appelle donc, & de faict, il fut dict qu'il auoit esté *Aureliani* signement iugé par le Iuge *à quo*, bien appellé par l'appellant, & faisant ce qui deuoit estre faict, on ordonna que le Iuge porteroit dessus son bonnet des aureilles d'asne, & fut l'accusé renuoyé absous, mais ie croy que cest arrest ne fut pas executé: pour ce qu'on remonstra à la Court que ce Iuge auoit de ces aureilles là naturellement entées dans sa teste.

ÆQVIVOQVES.

Vn autre Iuge, mais il estoit Royal & Lieutenant en vne Seneschaussée de par le monde, voyant vn chapeau vert qui tumultuoit pendant la tenue de ses iours, fit premierement vne deffence generale à tous de se comporter modestement. En fin voyant que ce chapeau vert ne cessoit de faire du bruit, luy dit en cholere. Chapeau vert ie vous condamne en vne amande de vingt liures. Celluy qui portoit ce chapeau sans en appeller comme il estoit conseillé, print ce chapeau vert, & le iecta sur le bureau disant, faictes luy payer l'amende. Et cela fait debusqua promptement, de sorte que depuis ie n'ay point de souuenance de l'auoir veu.

Vne deffenderesse en action d'iniures pour auoir appellé vne femme, putain, fut condamnée par sentence confirmée par Arrest de declarer en presence de sa partie qu'elle declaroit l'auoit appellé putain dont elle se repentoit & la tenoit pour femme de bien. Quant ce vint à l'execution de cest arrest par deuant le commis, elle dict, Monsieur i'ay appellé vne telle putain, il est vray, ie l'ay dict, ie la tiens & repute pour femme de bien, ie m'en desdicts, i'ay menty. Surquoy la partie iniuriée de rechef voulut insister à autre reparation plus claire, mais il n'en fut faict autre chose, par ce que la grace de sa responce fut telle, qu'il sembloit à l'oyr parler quelle parlast nettement & du cœur, comme ie croy qu'elle faisoit.

Vne femme en absence de son mary ayant faict venir de nuict vn prebstre pour la garder des esprits, & coucher auec elle comme ils tabutoient & renuoyoient le Diable en enfer, vn ieune enfant aagé d'enuiron quatre ans & demy, qui estoit dans le mesme lict, s'esueilla, & voyant ce prestre, demanda? sa mere, qui c'estoit, la mere qui sçauoit bien que le pere ne faudroit à sa venue de l'interroger, & que l'enfant ne faudroit de le declarer, elle luy fit entendre que c'estoit Dieu. Le pere estant de retour, & demandant à cest enfant, qui auoit couché auec sa mere, il respondit que personne n'y auoit couché sinon Dieu & luy, qui fut cause que pour l'heure le faict fut secret, mais vn mois apres comme il aduint que ce prebstre marchoit deuant la bouticque de ce marchant, cest enfant l'ayant bien regardé, & se retournant deuers son pere, luy dit, voyez là Dieu qui a couché auec ma mere : voyla come le pot aux Roses fut descouuert.

Il n'y a point de doubte que souuentes-fois en lisant l'on ne face de plaisans æquiuoques, entendtrois, solecismes & autres absurditez quand on escript vne lettre en main, veu que les Curez de Village en font bien souuent ez liures imprimez, comme nous auons dit au chap. 4. des Æquiuoques François fueil. 40.

Si la copie ne couroit par tout de deux Epistres d'vn Gentil-homme à vne Damoyselle, & d'elle à luy qui sont de semblable façon, ie les eusse icy inserées, mais il n'y a si petit Imprimeur ny Portepenassier qui n'en face tous les ans. Toutesfois à fin que l'on ne die que ie l'ay oublié, en voicy vn sommaire exemple selon que promptement il m'est venu en la memoire.

Epistre d'vn Gentilhomme à vne Merdoiselle.

AYant eu la commodité Madamoyselle depuis huict iours, de vous veoir en vne dance Madamoyselle publicque, i'ay esté soudain surpris d'vne passion Madamoyselle amoureuse, qui me rend quasi tout hors de moy, & mon ame du tout, Madamoyselle esgarée, de sorte que si n'auez du moins quelque volonté Madamoyselle petite, d'vser enuers moy de compassion Madamoyselle miserable, ie croy que la Parque Madamoyselle infernalle, ne me lairra longuement viure sur ceste terre Madamoyselle brasse & fragile, pour respirer vn seruice Madamoyselle tres-humbe, iusques à idolatrer la trace Madamoyselle de vos pas, saluant vos bonnes graces d'vn salut Madamoyselle tres-infinie, Et à Dieu cependant d'vne parolle Madamoyselle piteuse & langoureuse.

Response de la Gentil-hommesse au Merdoiseau.

I'Ay veu Monsieur depuis hyer, par vostre laquais Monsieur mal en ordre & bien crotté, vn mot de lettres

AVTRES

Monsieur fort diuers, & qui prouient d'vn cœur Monsieur bien affligé. Ie recognois ce qui est en moy, Monsieur du tout Imparfaict, & qui n'a moyen d'estre Monsieur le Larron, d'vn homme tant soit il Monsieur chetif & miserable, aussi n'en suis ie pas plus glorieuse Monsieur de rien, que si vostre dire toutesfois n'est Monsieur mensonger, vsez de mon conseil, combien qu'il soit monsieur debile, & peut-estre à vostre gré, Monsieur impertinét, baignez vous dans vn puis, Monsieur d'eau froide, & si le remede n'est Monsieur pas sain, cherchez conseil Monsieur ailleurs, vous disant au surplus, Dieu de parolle telle que merite vostre escrit, Monsieur tout dechiré & embrené.

Vne certaine Damoyselle interrogée de quels villages elle desiroit estre Dame en Bourgongne, elle fit respon-

ÆQVIVOQVES.

se qu'elle ne voudroit que ces quatre suyuans,

Longuy, Foumy, Seuuans, Montconu.

Encor qu'il y en ayt d'autres aussi beaux, comme Sixcons, Cuc, dont on apporte les plus beaux poix du monde, vulgairement appellez les poix de Cuc.

Il y a long temps que i'ay leu la valeur des monnoyes qui fut mise en lumiere vn certain temps qu'on les descrioit.

Vne Portugaise vaut deux Espagnolles

Vn Angelot	deux Diablotins,
vn Escu	deux Targues,
vn Pistolet	deux bidets,
vn ride	deux plis,
vn Salut	deux reuerences,
vn Franc cheual	deux serfs à pied,
vn Noble	deux villains,
vn Gros	deux petits.

vn Sol, qui se prononce vn sou, com-

AVTRES

me vn fol vn fou deux affamez,
vn Carolus — deux Ioannes,
vn Double — deux simples,
vn Blanc — deux noirs,
vne Imperiale — deux Romaines,
vn Lyon — deux Leopars,
les Royaux — deux ordinaires,
vn Henry — deux Philippus,
vn Philippus — deux Pierrouts,
vn Pierrout — deux Patards,
vn Patar — deux Patatics,
vne Iocondale — deux tristandalles,
vn Hardy — deux couards,
vn Tholosan — deux mondinets,
vn Polonnois trois francs & vn pe[u]
plus selon l'edict dernier.

Or ie me restraindray pour ce qu[e]
ce chapitre est trop long & finiray ex[-]
pressement par cest entendtrois de
basses matches, à cause qu'il est cer[-]
tain que personne ne sçauroit parl[er]
si religieusement que l'on ne rencôt[re]
sur cela qui nous est naturel & si com[-]
mu[n]

mun à tous que l'autheur des follastres balliuerneries a faict ce suiuant,

Chacun trauaille à son mestier,
   Le Laboureur à la Roye.
   Le Munier par où l'eau saut,
   Le Peletier par où la peau faut,
   Le Boulanger sur le sac au bran,
   Le Bouchier sur le baquet aux trippes,
   Le Maçon sur le fondement,
   Le Charpentier à la mortaise,
   Le Mareschal sur le soufflet.

Et infinis autres que aisément tu pourras rechercher de toy-mesme si tu as enuie d'y passer le temps.

L

DES ANTISTRO-
phes ou Contre-
peteries.

ENCOR qu'aucuns ayent estimé que ces Antistrophes soient æquiuoques, si est-ce qu'il y a grande difference si lon considere la deffinition de l'vn & de l'autre : Car Antistrophe est proprement vne alternatiue couuersion de mots, que les Latins ont appellé *verborum inuersiones*, dont auec les Grecs ils ont prins l'Ethimologie de plusieurs noms : Comme selon Platon Iunon est dicte en Grec *ἥρα*, par transposition des lettres du mot *ἀήρ* : *Iustitia quasi vistitia, quod vim* fistat : forma, du Grec μόρφη : nares, de ρίνες, & autres, que tu pourras veoir dans Varron, Festus, & parmy les anciens Grammairiens. Les poëtes Liriques appellent cela vn alternatif tour & retour, qui se faisoit anciennement aux Dames Grecques. De laquelle inuersion de mots, les Fraçois ont trouué vne ingenieuse & subtile inuétion, que noz Courtisans anciennemét appelloient des æquiuoques, ne voulant vser du mot & iargon des bons compagnons qui les appelloient des contrepeteries : C'a esté le gentil sçauant & gracieux Rabelais, qui les a le premier baptisé de ce propre nom Grec, encor que les Latins l'ayent ordinairement vsurpé, pour la trãspofition des noms : comme *Petri liber*, au lieu de *Liber petri*, pource qu'autrement sinon pour leurs ethimologies ils n'ont point vsé de ces inuersions, l'inuention desquelles cõsiste à trouuer deux mots, les premieres lettres desquels eschangees, leur donnent vne diuerse significatiõ, puis tu iugeras aisément s'il s'y trouuera vn bon sens: l'exemple t'instruira aisément: comme de Gaster, ostez G, & mettez vn T, il y aura taster: puis grace, changez G en vn autre T, il y aura trace.

Taster la grace
Gaster la trace.

Vn sot palle,
Vn pot sale.

Muer vne touche,
Tuer vne mouche.

Vn chappeau de Roses,
Vn rapeau de choses.

Elle fit son prix,
Elle prit son fils.

L iii

DES ANTIST. OV

La cotte du mont,
La motte du &c.

Il tiendra vne vache
Il viendra vne tache.

Mon coeur,
Con meur.

Il le dit a deux fames.
Il le fit a deux dames.

Baillez le flanc,
Faillez le blanc.

Et autres infinis qu'on peut faire à discretion, desquels i'ay pour plaisir recueilly ces comptes suiuans, entre lesquels selon le vers Martialiste,
Sunt bona, sunt quadam mediocria, sunt mala plura.
Ces deux suiuans sont extraicts de l'histoire veridique du grand Panta-

gruel.

Femme folle à la messe, est volontiers molle à la fesse.

A beaumont le vicomte, A beau con le vi monte.

Il ne se fault pas scandaliser s'ils sont vn peu naturalistes, car ie ne sçay comme il aduient qu'ordinairement & plus volontiers on se ruë sur ceste matiere que sur vne autre, & y rencontre l'on plus plaisamment: comme,

En faisant boutons,
En baisant, &c.

O que ces fagots coustent,
O que ces cag. fout.

Vn heur de chardons est mort à Falaize,
Vn chieur de lardons est fort à Malaize.

Onc paoureux ne fit beau fait, disoit

Des antist. ou un preneux de barils.

Onc foireux ne fit beau pet, disoit un breneux de Paris.

On dit que quant les Dames de la Cour cōmencerent à porter des hauts de chausses, elles fient une conuocation generale, pour sçauoir comme elles les nommeroient à la difference de celles des hommes: en fin du consentement de toutes elles furent surnommees de ce nom Caleson, quasi sale con, & depuis quant elles furent bien usees, & qu'on les donna aux laquais, on les appella, lasse con.

C'est de long temps une table qui frotte, ou une table qui trotte, qu'un Curé de bonne paste disoit un iour en son sermon, que le monde estoit tout corrompu: car les ieunes hommes s'attachoient aux bons Cordeliers, id est aux cons bor. & que quasi toutes les ieunes filles de sa paroisse doutoient de leur foy, fout. de leur doy.

Quelqu'vn qui voyoit vn grand desbauché auquel le pere vouloit faire veoir du païs, à cause qu'il s'estoit amouraché : conseilloit à ce pere de le marier, & non-pas l'enuoyer au loing faire de superflues despences : Car il n'y auoit rien pour le mieux tenir en bride qu'vne femme, & rencontra soudain cet Antistrophe.

En le variant on se mange,
En le mariant on se vange.

Celuy n'auoit pas mauuaise grace, qui inuitoit le Samedy au soir son voisin à souper, auec promesse de luy donner de quatre portes de soissons, de la tapisserie, & d'vn petit porceau demain : c'estoit à dire, de quatre sortes de poissons, de la patisserie, & d'vn petit morceau de pain.

Il y auoit vne certaine hostellerie des Faucons, qui par mots couuerts estoit la macquerelle de ses hostes, qu'elle voyoit Criants du fond, Friand du con, car les allant visiter en leur chambre auec vne ieune Chambriere, pendant qu'elle enuoyoit au loing le seruiteur ferir vn cagot, querir vn fagot, elle leur disoit, monstrant ceste fille, Monsieur goustez ceste farce; Fout. ceste gar. Quoy dit elle les laissoit seuls s'ils entendoient le iargon & estoient en appetit, ie m'en rapporte, mais garde le mouton qui est en la botte, le bouton qui est en la motte.

Capitan Sperluca disoit pour vanter ses actes genereux, i'ay veu que ie soulois deffendre à la bresche tout mouillé : au lieu qu'il deuoit dire, i'ay veu que ie foulois des cédres à la mesche tout brouillé.

Vn autre furieux soldat disoit, qu'il auoit veu vn coq sur vne raue bersee d'vn poulet, au lieu de dire, vn roch, sur vne caue persee d'vn boulet.

I'ay ouy dire autresfois de ces mini-

CONTREPETERIE. 86

tres enſouphrez, qui portoient des barbes encharboutees,

Vn ſiniſtre maſle a vn pigne ſalle,
Vn Miniſtre ſale a vn ſigne palle.

Quelqu'vn diſoit vn iour à vn ieune deſbauché qui ſuiuoit vn Eſcorniſleur, lequel l'inuitant à boire, luy diſoit touſiours, Monſieur tendez voſtre verre, ſi vous continuez voſtre vie, celuy qui vous dit, Tendez voſtre verre, vous dira en fin, vendez voſtre terre.

Vn autre voyant paſſer vn macquereau pour le depeindre diſoit ainſi,

Ce nez long a fendu vne villete, & a pris le bon à la courſe, pour dire,

Ce Lenon a vendu vne fillette, & a pris le con à la bourſe.

En vn banquet auqrel y auoit vne Nonnain qui beuuoit d'autant, & pres d'elle vn nain qui ſe deſpeſchoit de maſcher: vn bon compagnon rencontra ainſi: voyez la bonne noire, &

vn pain de bonne nature: c'est à dire, voyez la nonne boire & vn nain de bonne pasture.

Et l'autre qui voyoit manger vne brunette, respondit, ie voy naistre vne poire, pour dire, ie voy paistre vne noire.

Le seigneur de Pinseual faisant les louanges de sa rude maistresse, laquelle auoit la courante pour auoir trop mangé de fruicts, au lieu qu'il disoit seulement,

Quant ie prise les brunes la noire me fuit, pouuoit aussi dire,

Quant ie brise les prunes la foire me nuict.

Vne vieille redarguant vn ieune muguet d'auoir vessé trop puamment, au lieu de s'excuser du prouerbe ordinaire, qui premier la sent, du cul luy descent, il dit: ma commere, c'est vne vesse fenee, qui sort de fesse venee, cóme la vostre.

Vn collere, qui se plaisoit & baignoit en ses inimitiez, disoit qu'il auoit maché plusieurs fois, d'estre fasché plusieurs mois.

Sa cousine Pisangrine disoit qu'on n'auoit garde de la trouuer morte de faim, tant qu'elle seroit forte demain.

Les Espagnols disent en prouerbe commun, Hoy fauores, oha dia vafores: c'est à dire, auiourd'huy faueur, demain dehors; voila vne belle contrepeterie digne d'estre engrauee au cœur de noz Courtisants, qui deux iours apres qu'ils sont desauorisez, par leurs sottises & peu de respect, ne parlent que *de contemptu mundi*. & de la beatitude de ceux qui prient Dieu à repos en leur maison, *sed premit alto corde dolorem* le paillart.

En vn bāquet où i'estois, & notez que l'autheur en tasta, comme dit Philippes des Comines de la rage de fer, l'on dit à quelqu'vn qui seruoit d'vn lapin

& oublioit le plus gros & puissant sei[gneur] de la compagnie, Donnez vn[e] branche de long sapin à Monsieur qu[i] est pressé par la dance: on estimoit qu[e] ce fust vn iargon, mais il fut soudai[n] ainsi reduit, Qu'il baille vne tranch[e] de son lapin à Monsieur qui est dres[sé] par la pance.

L'on m'a dit que l'harangueur de [la] ville de Langres portant vn propo[s] qu'il recitoit *ex scripto* deuant Mon[sieur] sieur le Chãcellier, au lieu de dire c'e[st] vn moyen deu par les Langrois, il re[n]contra sans y penser à la risee d'vn ch[a]cun, c'est vn Doyen meu par les gra[ndes] loix.

I'ay ouy dire à Maistre Iacques Pl[ein-]fond qu'il auoit veu en plaine audie[n]ce à Paris, l'an 1568. vn Aduocat bie[n] eschauffé en plaidãt, qui dit tout hau[t] Monsieur le President, ma partie n[a] pas bien fri le pet, pour dire bien p[ris] le fait: en quoy l'Antistrophe n'est p[as]

CONTREPETERIE. 88

bien propre selon l'escriture, mais suiuant la prolation elle passe, comme ces suiuants qui ne laissent pourtant d'estre bons.

Vn qui voyoit vne belle fille desgorgetee disoit, le bout de son collet est à bié dire estroit, pour dire le coup de son boullet est à bien tirer droict. *Nota* qu'on change à la fin vn d, en t, sans contrepeter.

On dit aussi que pour trespassez, il faut des prestre assez, au lieu prestassez, qui sonne bien à l'oreille.

Vne femme voyant vn gosseur qui ne faisoit que plaisanter, & auoit bruit de ne pouuoir brodequiner, luy dict. vous auez la mine d'estre entre mille follastre, & entre filles mollastre, dont se voulant reuancher, il luy dit, qu'elle estoit feinte en ses pleurs, & peinte en ses fleurs, qui le faisoit ainsi grigne, mais cela n'eut poit de grace, & luy fut dit, au regnard, *alias* au penard.

Comme deux ieunes filles s'approchoient fort pres des fonds baptismaux pour veoir baptiser vn enfant, certain bon compagnon leur dit pour les faire retirer, belles quilles frotees, vous frottez les cons, au lieu de dire, belles filles crottees vous crotez les fons.

A l'entree du Roy Charles 9. en certaine ville où l'on faisoit dresser des arcs triomphans, la charge en fut dōnee à vn Alchimiste sçauant & ingenieux, qui voyant vn pauure bon hōme qui s'en mesloit, il luy dit par desdain, ce passé de couilles ira tondre les festons: A quoy soudain il repliqua, ce cassé de pouilles, c'est à dire, poux en Bourgongne, ira fondre les restons.

L'on dit des auaricieux goutteux, qu'vn goutteux est tout gueux.

A vn malade en sa saison, il fault salade en sa maison, &c.

Ie viendray aux ieux sans villenie
que

CONTREPETERIES. 89

que iouent les Damoiselles auec les ieunes hommes esquels elles entremeslent des rencontres pour faire de plaisans solecismes: comme quant elles dient, Messire Ian prestez moy vostre griuan, vostre vengri, quatre ou cinq fois de suite, c'est en fin pour tôber sur vostre grand vit, vit grand : ce que dient quelquesfois aucunes sans y mal penser, Helas les pauuretes qu'é feront elles.

On dit aussi, il y a trois Gentilhômes à la porte qui bonnes nouuelles apportent, l'vn a nom Messire Guy, qui le petit foncouti, l'autre Messire Guyonnet, qui le petit coutifonnet, l'autre Messire Guyon qui le petit coutifon.

Ie vous vends le prestre vert, qui dit sa messe verde, sur vn autel vert couuert de verd, qui dit en son ioly chant vert, paissez moy de messe verde, ie vous paillemesse verderay.

M

CONTREPETERIE,

Item cestuy, Ie vous vends le pon du coi, le coi du Pon, ie vous laisse à penser si quant on a bien de fois repeté ces mots, il ne faut pas à la fin venir aux gros mots de con fouti, vesse merderay, & poi du con. Il y autres infinis ieux Damoiselets de ceste sorte, si vous les voulez plus naifuement sçauoir, addressez vous aux mieux goderonnees & attintees filles de l'eage d'être seize & & vingt ans: Car on m'a asseuré que ie n'y entend rien enuers elles, & qu'elles le sçauent trop mieux faire que moy.

DES ANAGRAM-
matismes ou Ana-
grammes.

TV as peu cy deuant voir la façõ des Æquiuoques, amphibologies & Antistrophes, desquelles consequemment nous viendrons aisement aux Anagrammes, qu'on dit autrement noms renuersez: Parce que ce sont inuersions de lettres tellement transposees, que sans aucune adionction, repetition, ou diminution d'autres que celles qui sont au nom & surnom d'vne personne, on en fait quelque deuise ou pe-

M ij

riode accomplie d'vn sens parfaict: & faut bien aduiser que l'ortographe y soit bien obseruee, si ce n'est que pour l'excellence de quelqu'vn, on se puisse dispenser de ceste reigle, comme en celluy raporté par Iacques Pelletier, au liure plaisant de ses comptes qu'il a faict mettre en lumiere sous le nom de Bonaduenture de Periers, de vn nommé Ian Gidoen, qui trouua, Angin Doye. Isaac Tzetzes interprete de Lycophron, nous tesmoigne que les anciens Grecs en faisoient cas, Car il dit que non seulement Lycophron estoit en estime pour sa poësie, mais aussi pource qu'il faisoit heureusement des Anagrammes, comme pour exemple il trouua sur Ptolomee Roy d'Ægypte.

Πτολεμαῖος   Ἀπὸ μέλιτος.

C'est à dire Emmiellé,
Et sur la Royne Arsinoe sa femme,

Ἀρσινόη   Ἥρας ἴον

ANAGEAMMES.

Violette de Iunon.

Pour monstrer encor que ceste science estoit recommandee anciennemét, Artemidore en son liure de l'interpretation des songes dit ses mots, il faut bien noter que les anagrammatismes donnent grande ouuerture à l'intelligence des songes.

Du temps du grand Roy François auec les bonnes lettres ceste inuention se ressuscita en France, & fut trouué sur son nom.

François de Valois,
De façon Royal.

Sur sa femme sœur de l'Empereur Charles le quint,

Alienor   la Royne.

Sur le Roy Henry, celuy qui a fait le bouclier de la foy a ainsi heureusmét trouué

Henry de Valois.
Roy es de nul hay.

Sur la Royne sa femme estant ieune

escolier à Paris au college de Bourgo-
gne l'an 1564. ie trouuay en Latin ce
suyuant.

Catharina é Mediceis,
Henrici mei casta Dea.

Duquel ceste excellente Princesse,
deuroit honorer quelque coing de sa
superbe Tuillerie, car ie croy qu'on
ne luy sçauroit rien trouuer de mieux
à propos, ny plus digne d'elle L'autheur du Bastion des Dames, que l'on
dit auoir eu grande recompense de
son liure, n'en a pas approché auec
tout son commentaire à cent lieues
prez, quand il dit ainsi grossierement,
& auec peu de sel,

Catherine de Medicis,
D'amy se dit riche nee.

Sur Madame Marguerite, fille de
France Duchesse de Berry, bien versee
aux bonnes lettres & tres-recomma-
dee à la posterité par ses rares vertus,
on trouua,

Marguerite de Vallois.
De vertus l'image Royal.

Sur le Roy Charles.
Carolus Valesius,
Sol cui vera salus.

En François.
Chasse la dure loy.

Sur ledit Roy Charles & Elizabet d'Autriche sa femme ensemblement fut trouué cestuy-cy,
Charles de Valois, Elizabet d'Autrische.
Du riche lis d'or as beauté chaste alliee,.
Ce suyuant est à mon aduis quasi miraculeux

Loyse de Lorraine,
Enry de Valois Roé.

Car Roé selon nostre prononciation & ortographe nouueau de Ramus, signifie Roy.

Sur ce grand Mars de la France, feu monsieur de Guyse.
Francois de Lorraine,
Craindre feras Lyons.

M iiii

Sur son frere, Monsieur le Cardinal de Lorraine,

Charles de Lorraine,
Los enchré del airav.

Charles Vtentioné Gantois a faict ce suiuant Latin.

Carolus Lotaringus
Orator Gallicus vnus.

Viuant encor le feu Roy Charles 9. sous lequel Mósieur le grand Escuyer de France fut faict Lieutenant General en Bourgongne, ie luy fis ces trois Anagrammes Latins.

ELEONOR CHABOTIVS,
Heros ita luce bona.
Cæli honor beatus.
It Carolo suo bene.

Lesquels i'ay compris en cest Acrostiche suyuant, que ie n'ay pas voulu cháger quoy qu'il sente son eage,

ANAGRAMMES.

Esset opus quamuis diuinis vate perennes
Laudes tuas qui solueret,
En tamen arbitrio diuorum sicut ad aras
Omnis adolet munus suum:
Nitar vbique tuas, vir præstantissime, laudes
Ornare nostro carmine.
Respicies inter populi suffragia forsan
Camœna quod canet mea.
HEROS ITO LVCE BONA, & sorticea sata
Ac lete digna ducito,
Burgundæ patriæ sis dudum primus alumnus,
Opem tuam fac sentiat.
Te duce qui suberunt, fac dicant, hoc duce semper
IT CAROLO SVO BENE
Vltra mortales tibi quos trademus honores.
Sic COELI HONOR BEATVS est,

Sur son beau frere Monsieur d'Aumont depuis fait Mareschal de France.

Iean d'Aumont,
Auman de Iuno

Sur l'vn des fils de feu monsieur le grand Escuier de Boisy vn sien compagnon d'estude trouua ce suyuant qu'il m'a donné,

Claudius Guoffirerius.
Clarus viuo regi fidus.

Entre les liures qu'on a faict de l'histoire des troubles passez, i'ay remarqué que lors que le seigneur d'Acier menoit vne trouppe de Reistres, il portoit peint en sa cornette vn Hercule, qui cōbatoit vne hydre, laquelle au lieu de ses serpens, auoit des testes de Euesques, Cardinaux, Moynes, & prestres auec le mot, *Qui casso crudeles*, qui estoit l'Anagramme de son nom François, Iaques de Crussol.

Ie prophetizay à Monsieur l'Archeuesque de Lyon sa fortune prospere dont il est tresdigne, par cest anagramme que luy fis quand il sollicitoit cest Archeuesché.

Petrus Depinac;
Prudens capiet.

Ie pensoy vn iour donner ce suiuāt à Monsieur de Bissy Euesque de Challon comme chose nouuelle,

ANAGRAMMES. 94

Pontus de Tyard,
Tu as don d'esprit:
Mais il m'asseura que desia d'Aurat le Poete vrayement Royal, & Iaques Peletier luy auoyent donné le mesme, qu'ils auoyent chacun trouué sur son nom dont ie fus fort esmerueillé.

Sur Monsieur Ieannin President celebre en Bourgongongne, i'ay trouué ces suyuans,

Pierre Ieannin,
En rien n'ay prié

Petrus Ianius,
Tu vir sapiens,
Tu es pan iuris
Spinea virtus.
Sperans viuit.
Ius pura sinet.

Sur vn Conseiller audit Parlement,
Hierome Saumaire.
To heur amy me sera.
Vray homme seray.

Et en Latin,
Hyeronymus Saumaire.
Sum veri Herois anima.

Sur le Sieur Desbaty Greffier en iceluy Parlement,
Iohannes Gonterius,
En grauis honos in te.
Vnus in honore gesta.

Et ostant l'aspiration, i'ay adiousté ces deux pour la gentile rencontre du Latin au François,
Ioannes Gonterius,
Venus argenti sono.
Iean Gontier.
I'oy en argent.

Vn nommé Iacques Paris trouua ainsi sur le sien.
Acquiers Pays.
& en Latin,
Iacobus Pariseus.
Ius Pacis obserua.

Sur le Chancellier Poyet qui estoit grand practicien, tesmoing l'ordon-

ANAGRAMMES. 95

nance de l'an 1539. on trouua,

 Guillaume Poyet,
 Mot! viue pillage.

Sur le nom François de Pierre Liset jadis premier President à Paris, & despuis faict abbé de Sainct Victor, on trouua ces deux anagrammes Latins,

 I ites reperi,
 Perire telis.

Sur lesquels on fit ce Phaleuce que me donna le gaillard Gohorry.

 Olim Caußidicus fori supremi
 Qui lites reperi, petiui, amaui
 Præses innumeris eas Arestis
 Dum fugo, fugier: capusque nostrum
 Ob litem male litigantis vnam
 Sensi sub niueo dari cucullo,
 Et sic me proprijs Perire telis.

Du Bellay a trouué cestuy cy sur le feu President Minar,

 Antonius Minarus,
 Natus ruina Minois.

Le docte & gentil official Lengrois

a trouué sur son nom.
Iean Toruobat,
Bon haire a tout,
Or ha tout bien.

Vn de ces nepueux luy donna ce latin suyuant.
Iohannes Toruobatius,
Astabis in honore tuo.

Lequel trouua sur son nom,
Theodecte Toruobat.
Ta bouche te dore tout.

Et sur
Stephanus Touobatius,
Tu stas vir Phœbo natus.

Et en François
Estienne Toruobat
Tout en bonté seray.

Ie me suis autresfois tellement exercé en ceste inuention, que sur le nom d'vne gentille Damoyselle nommee Gabrielle, & surnommee de Mópaste ou Monpasté, i'ay trouué quarante sept anagrammes parfaicts,

ANAGRAMMES

& cōbien qu'en chacun il n'y eut pas un sens parfait ou periode accomplie, ie luy fis vne Epistre où tous estoyent si bien adaptez qu'il sembloit que ce fut vne oraison coulante sans aucune recherche affectee. Entre les plus parfaicts, i'ay colligé pour plaisir ces dix suyuans,

Elle m'a dit bon presage,
Par belle image donté.
Bel ange doré me plaist.
O perle d'estimable gain.
Bel parangon deslite.
Bel ange la demi porte.
Parle de ton bel image.
Le bel ange m'a predit.
Digne parolle te blasme.
Mon ide agreable plet.

Et de ces deux derniers Anagrammes, le suyuant est basty,

Lice tout ensemble à toy par esgalle bonté.

Vtentione en ses allusions a faict celuy grec de la Royne Elizabet d'Angleterre,

Ελιϲαβὶθ ἡ βαϲίλισσα.
Ζάθεν βασιλίης λιβάς.

C'est à Dire, La diuine fontaine du Royaume.

Sur d'Aurat c'est excellent Poete, & duquel comme d'vn cheual Troyen sont sortis des meilleurs esprits de nostre France.

Ioannes Auratus,
Ars en nona vatis

Le mesme Aurat tresheureux à la rencontre de ceste inuention a trouué sur

Pierre de Ronsard,
Rose de Pindare.

I'auoy trouué sur le mesme nom auec mesme liberté retranchant deux r.

Arrosé de Pinde

Qu'est vne fontaine en Thessalie sortant d'vne montagne de mesme nom, qu'on disoit estre le seiour d'Apollon & des Muses.

Nicolas

ANAGRAMMES.

Nicolas Denisot s'est tousiours surnõmé de son anagramme qui est,

Conte Dalsinois.

Sur estienne Iodelle luy mesme trouua,

Iole delien est né.

Sur le sieur de Montailot President des comptes à Dijon ie fi ce suiuant,

Claudius Saine,

Laus dea cuiuis.

Le sçauant Corax Conseiller à Toloze a trouué sur son nom,

Iean de Coras,

Cede à raison.

Le mal fortuné Iean Brinon qui pour sa liberté enuers les personnes doctes, deuint en fin si necessiteux qu'il mourut tout iuste : Mais auec vne memoire celebre eternisee par d'Aurat, Ronsard & les premiers de nostre siecle, trouua luy mesme sur son nom,

Iean Brinon.

DES

Rien bon n'y ha.
Ianus brino.
Ruina bonis.

Le sçauant Cujas qui a trouué Caius sur son nom, se gaussant du bon Antonius Contius trouua cest autre Anagramme,

si non vino tactus.

Et sur vn Ioannes Robertus Orleannois qui s'est voulu attaquer à luy,

sero in orbe natus.

Pierre Boistuau vn des plus net & pur François qui ayt escrit de nostre siecle à ma fantasie, se fit peindre en tableau deuāt vn image nostre Dame, Et y auoit ces deux anagrammes: *Mira rogaui, de virgo Maria*: Et de *Petrus Boistuau, Est vita probus*.

Celle de Madame Loyse de Sauoye se fait par ordre sans changer vne seule lettre, sçauoir,

Loyse de Sauoye.

Au iourd'huy ceste inuention est si

commune que chacun s'en mesle, voires en y a qui en font marchandise: Qui sera cause que ie ne m'espancheray plus auant à rapporter des Exemples: car chacun adioustera ceux qu'il luy plaira à ce papier blãc, que i'ay fait laisser expressement à la fin de ce chapitre: seulement t'auertiray, que comme l'esprit est plus prompt à mal qu'à bien, ordinairement on faict des anagrammes plustost sur le vice que sur la vertu: comme de ieunes escholiers qui payerent leur hostesse Tolosane nommee Madone Françoise Proutet, de ce bel anagramme,

Con prest a y foutre.

Fatidique deuise certainement, & selon le prouerbe qui couroit d'elle,

Madona Proutetis nunquã satiata Priapis.

Sur Marie Menedant, ou trouua ce follastre & salle,

Merde en ta main.

Trois bons Theologiens s'esbatant

Des Anagrammes.

vn soir sur le nom de Caluin trouuerent *Culina,* *Lucian,*
& en Latin,
Caluinus *Lucianus.*

Ie ne veux pas souiller mon papier d'auantage de noms, afin de n'offencer personne, & croyez mesme que Proutetis, Medenant, & Gideon, sont surnoms de lettres transposees, dont aucun ne se pourroit scandaliser: dequoy ie t'ay bien voulu aduertir, afin que tu sçaches que ie ne suis de ceux que dict Quintilien *qui malunt amicum quàm dictum perdere.*

DES VERS RE-
trogrades par lettres &
par mots.

APRES les Anagrammatismes, nous parlerõs des vers Retrogrades par lettres, & mots: par ce que au lieu qu'és Anagrammes il faut transporter les lettres sans ordre certain, en ces vers Retrogrades par lettres, il fault Anagrammatiser d'ordre, prenãt la derniere lettre pour venir à la premiere. L'on dict que le diable portant Sainct Antible à Rome sur ses espaules, composa celuy-cy:

signa te signa temere & tangis & angis.

Des Vers

Roma tibi subito motibus ibit amor.

Retournez les lettres de ce distique vous lirez les deux mesmes vers. Comme de ces suiuans,

Si bene te tua laus taxat sua laute tenebis.

Iacques Peletier tresdocte medecin, Philosophe, & Mathematicien m'a dit que feu Guillaume des autelz luy en auoit donné six de ceste façon, mais il ne peut se ressouuenir sinon de ce premier,

Ira te lepide si vis edi Peletari.

Ces deux autres sont de la façon du mesme,

Nemo si diri subsis Busiridis omen.
Rara teres animi limina seret arar.

Qui a esté cause que ie me suis parforcé de faire ces suiuans,

Vt sero memores oro sero memores tu.

Et cettuy,

Sacco tu suberis sanas si rebus vt occas.

Ie ne sçay de la façon de qui est ce suiuant assez bien rencontré,

Et necat eger amor non Roma rege tacente
Roma reges una non anus eger amor.

Sur ce mot de *Roma* Scaliger a faict ce gentil distiche,

Roma quod inuerso delectaretur amore
Nomen ab inuerso nomine cepit amor.

Ie n'en ay point veu en nostre langue de semblable sinon ce villain & salle qui a diuers mots & sens estant retourné,

Etron au nés esse mal.

Et l'anagramme retrograde d'vn homme cholerique nommé le Feure, qui portoit en sa deuise son nom ainsi retourné,

Erue fel.

On y peut adiouster vne ioueuse de Luc, qui iouoit aussi du luc renuersé qui faict *Cul*,

Venant aux vers retrogrades par mots il y en a qui ont mesme sens à l'endroit, qu'à l'enuers: & d'autres qui ont sens contraire.

De ceux qui ont sens de mesme ils peuuent eschapper sans y penser, & ne sont pas de grand peine, comme ce vers d'vn autheur incertain:

Deficiet cito iam corruptum tempore flumē
Tramite decurrit quod modo præcipiti.

Dans Virgile se lisent ces deux suiuans, lesquels estans retrogrades la quantité est bonne,

Musa mihi causas memora quo numine læso,
Læso numine quo memora causas mihi musa

Et cestuy-cy,

Quid faciat lætas segetes quo sidere terram,
Terram sidere quo segetes lætas faciat quid.

De ceux qui ont sens contraire ces deux exemples sont vulgaires, faicts par Philelphe sur le Pape Pie second,

Pauperibꝰ sua dat gratis nec munera curat,
  Curia Papalis quod modo percipimus.
Laus tua, non tua fraus, virtus, non copia
  rerum,
  Scandere te fecit hoc decus eximium.

Conditio tua te stabilis, nec tempore paruo
  Viuere te faciat hic Deus omnipotens.

Le sçauant official de Langres, a ainsi traduit le second distiche en deux vers retrogrades:

  Bien faict non dol, non faueur,
  Faict ta gaigner tresgrand honneur.

Tous les poëtes de nostre siecle en ont quasi faict, comme du Bellay ces suiuants sur l'Empereur Charles le Quint, & Philippes Roy des Espagnes, qui sont imprimees entre ses epigrammes Latins:

  Cæsareum tibi sit fælici sydere nomen
    Carole, nec fatum sit tibi Cæsareum.
  Aliud
  Coniugium tibi rex fæcundent numina longo
  Semine, nec sterilis sit tua progenies.

Murmelius a mis cettuy-cy comme sien en ses quantitez,

  Donet munere mel non sel pax candida nobis.

Des Vers

Ie n'en ay point remarqué de François que ces deux cy deſſus mis, & comme i'en diſcourois auec feu ce gentil poëte Belleau, luy diſant que i'eſtimois qu'il fuſt impoſſible d'en faire en noſtre langue qui euſſent la candeur du Latin & ſans eſtre extremement forcez, il me fit entendre qu'il en auoit vn ſonnet entier qui commençoit.

Appas facheux & doux, doux & faſcheux treſpas.

Mais il ne s'en peut reſſouuenir, & ne l'ay point remarqué en ſes œuures. Non-plus qu'vne ode qu'il fiſt ſur la traduction Latine de ſon Papillõ que fit Imprimer vn ieune eſcholier, l'an mil cinq cens ſoixante cinq, chez Guillart, laquelle ode eſt neantmoins treſdigne de ſon autheur & merite biẽ d'eſtre imprimee auec ſes autres eſcrits.

DES ALLVSIONS.

BEAVCOVP pourront trouuer estrãge que ie n'ay mis ce chapitre apres celuy des Amphibologies, ou des Æquiuoques, pour le peu de difference qui est entre eux: Car l'allusion se faict de dictions approchantes de quelque nom, au lieu que l'Equiuoque se fait de mesme voix entierement, & que l'Amphibologie d'vn seul nom represente deux ou trois significations. De sorte que l'Equiuoque peut estre allusion entiere, & allusion ne peut estre entiere Equiuoque, mais ie l'ay faict expressément, afin d'entremesler les matieres d'vn meslange agreable, & que les entassant de suite il ne sembla que ie les voulusse confondre, ainsi qu'ont faict plusieurs des plus doctes, qui mesmes n'ont point douté d'en faire des Ethimologies: Comme Varron en ses liures dediez à Ciceró, repris par Quintilian, qui l'argue d'auoir dict, *Ager ab agendo, quòd in eo aliquid agatur*, *Graculus quasi gregatim volans*, *Merula quasi mera volans, id est sola*: il reprent aussi quelques autres, comme Ælius qui a dict, *Pituitam quòd petat vitam*. Gabinius *qui cælibes quasi cælites dixit*, & autres que tu pourras voir dans cest autheur aussi estrangement recherchées que plusieurs Françoises que tu pourras voir cy apres. Laurent Valle qui s'est tant pleu à mordre, que selon que rapporte Pontanus, *Dicebat se quoq́ habere in Christum spicula*, pour trouuer à dire sur la purité du langage Latin, dont sont composées les Pandectes, a bien osé mettre en auant, qu'ils ont prins leurs gentilles allusions pour certaines Ethimologies, & là dessus prend plaisir à les dechiqueter à sa mode: mais Zazius ce gentil docteur Allemand *in l. 1 ff. de aquir. possess. & Alc. lib. 3. cap. 14. dispunct. & lib. 4. de verborum signification* luy ont bien monstré son bec iaune, & comme luy mesme a lourdement erré, d'estimer que ce fussent Ethimologies, & a partant prins mal l'vn pour l'autre, ou les a confondus ineptement: Car l'Ethimologie *est veriloquium, aut notatio*, autrement *originatio* qui regarde la vraye source du mot, comme *Philippus* de φίλ☉ & ἵππ☉: & allusion est seulement vn demy Equiuoque à plaisir. Les Iurisconsultes doncques quant ils ont dict *possessionem, quasi pedum positionem, Mutuum quasi de meo tuum, Testamentum, quasi mentis testationem: Inter-*

dicta, quasi inter duos dicta, & autres infinis, ils ont simplemét alludé, & ne se trouuera aucun passage, où ils appellent telles allusions Ethimologies: cóme en font foy *Alc. in l. Taberna ff. de verb. signific.* qui dit aussi que les argumens *ab illusione* ne vallent rien, au lieu que ceux *ab Ethimologia & diffinitione* peuuuent auoir lieu: Et les textes expres *in gl. 1. de acquir. possess. l. bonorum l. ager l. dimissoria l. Tugurij l. plebs §. pignus ff. eod.* Si Laurent Valle eut dit que noz docteurs s'y sont abusez, & mesmes le bon Accurse *in §. 1. Instit. de testamen.* il n'eut pas failly: car le bon homme les appelle Ethimologies, & par excellence en forge que ie croy deux ou trois de sa teste, comme parlant de *lapidem quia ladit pedem, Argumentum, argute inuentum,* trompé par-auanture de ce que plusieurs Ethimologies sont alludentes (s'il fault vser de ce mot) auec les noms: comme les propres de plusieurs

sieurs Romains, dont traicte *Valerius Max. lib. 10.* sçauoir *Cicero à Cicere, Lentulus à lente, Agrippa ab agro partu, Marcus à Martio Mense, Mantus, mane editus, Seruius seruatus in vtero matre mortua,* & autres qui ont quelque source & origine vraye. Mais soubs ombre de cela se vouloir rompre le teste pour deriuer tous noms, & leur trouuer des Ethimologies, cela est futil, & *hoc est ad fœdissima vsque ludibria dilabi,* comme dit Quintilian. Toutes-fois comme ie ayme à me chatouiller pour me faire rire, i'ay bien voulu mettre ces follastres, que par passetemps i'ay recherché nō pas selon la curiosité de Goropius Becanus, duquel à bon droict se mocque Scaliger, ny selon les patasseries de Bartholomeus Anglicus, apres Isidore, que quelqu'vn appelle *non omnino malum authorem,* Perionius, & Charles de Bouilles, *quem Bouilleum, quasi bouillum hoc est, paruum bouem, appel-*

lat leo suauius: mais pour espece & forme d'esbat. Iouant ceux toutesfois qui pour exciter la ieunesse à la lāgue Greque ont cōme Picart, mō bon maistre, & Henry Estienne apres luy, recherché des mots François venās de Grecs: encor que ie sois asseuré que ny l'vn ny l'autre prins à serment, n'en voudroit pas iurer, sinō de ceux qui passez par l'estamine du Latin se sont Romandizez enuers nous. En voicy dōc premierement quelques Latins tirez deça & de la, qui ne sont pas mal plaisans, *Caput à capiendo, Oculi, quasi occulti, frons à foraminibus oculorum, Auris à vocibus hauriendis, Pupilla à paruis pullis. Mandibulæ à mandicando, labia, à lambendo,* En voicy vne sublime, *Mentum, quasi mandibularum fundamentum. Os ab ostio, Dentes, quia edentes: lingua, à ligando, quia ligat verba: Manus, quia munus totius corporis: Digiti, quia decenter iuncti. Dorsum à Duricie: Pectus, dictum quia pro*

ALLVSIONS.

ximum inter partes: *Papilla, quia palpatur
à puero: fel, quia est felliculus: Splen, à sup-
plendo: Vesica, à capacitate venti: Vrina,
quia vrit interna: Nates, quasi innitentes:
planta à planicie* , qui sont tous prins
d'Isidore & Anglicus.

*Benedict. in rep. cap. Raynutius de test.
Rom. parlamentum, quasi parium lamentum: Tuter* est dit par le I.C. *quasi tuitor*, & par *Alber. Brun. quasi tolitor, in l.*
ff. de tutor.

Augustus que les Romains disent *ab auguro*, Accurse le deriue *ab augendo imperio: Formica*, selon Seruius, *quasi ferens micas: Pontifex, quo pontem faciat via et moram cap. in er de off. ordinar.*
Accursius in l. facta n. in danda ff. ad rebell. dit que son nō vient *quod accurrat & succurrat Iuris tenebris.* Io. Gothus dit que *panis dicitur à Pane Deo qui ex frumento Cereris primus panem fecit*, & autres infinis, que ie laisser a y rechercher aux plus curieux que moy : car ie veux

O ij

venir à nos François.

Bonnet, de bon & net, pour ce que l'ornement de la teste doit estre tel, Bouille le deriue de bon est.

Chapeau, quasi eschappe eau aussi anciennement ne le souloit on porter que par les champs & en temps de pluye.

Chemise, quasi sur cher mise.

Iarretiere, quasi iaret tire.

Chause, pour ce qu'on trouue au cul chaut ce. Ainsi que la Beauce fut nommee par Pantagruel.

Souliers, quasi sus liez, pource que anciennement on les lioit dessus à la forme des Espagnols & Italiens qui vont en pellerinages auec leurs souliers de cordes : Et mesmes encor auiourd'huy plusieurs lient leurs souliers auec des esguillettes.

Botte, pource que à l'aise on y boute, du moins on y doit bouter sans presser la iambe.

Esperon, quasi *asperum*, pour ce qu'il est aspre aux flancs du cheual.

Velours quasi velu ours.

Gibbeciere, quasi gibbociere, à *gibb* qui signifie vne bosse.

Dague, vient d'aigu.

Indague, quasi sans dague, pour ce que vn temps a esté que vn homme sans dague estoit estimé mal entendre son entregent.

Banny, de ban, qu'est à dire en vieil François, deffence.

Cheminee, quasi chemin aux nuees, pour la fumee.

Coquin, à *coquina*, car tout bon coquin ayme la cuisine.

Tauerne, quasi tard venez par inuersion, pource que du commencement on bastissoit les Tauernes aux Fauxbourgs pour les tard venus.

Capitaine à *capite*, qu'est cause que les mignards soldats du iour d'huy disent chefpitaine.

Soldat, quasi sou de lart, ou de l'Italien (solde) qu'est à dire paye.

Gentils hommes, quasi hómes gentils sur les autres, mais auiour d'huy depuis que chasque canaille les contrefait, on dit des Gens pille hommes.

Escuyer d'escu, c'est à dire bouclier, ou d'escu pour ce qu'ils ayment bien l'escu.

Estandart, quasi estendu en l'air.

Granche, de grains qu'on y arranche.

Galant, quasi gay allant.

Heraut, de haire haut, pour ce que ordinairement ils sont montez sur de grands cheuaux maigres, ou qu'on a accoustumé de choisir de grands maigres hommes qui ont grand gosier pour bien crier.

Menestrier, quasi meine estrier des espousées.

Orgueil, quasi orde gueulle.

Noise vient de noix qui font noise

& bruit portees ensemble.

Paillart, de paille & lart, ou quasi qui n'a pas liart.

Paris, pour ce que par ris elle fust compisee de Gargantua.

Parlement, pource qu'on y parle & ment.

Bailliage, quasi babillage.

Bailly, baliste, sont recherchez par Rebuffe iusques au centre du langage Hebraicque. Ie trouue que Pasquier en ses recherches de la Frãce, la mieux trouué du vieil mot François Baillie qui signifie garde.

Escheuin, est dit par Imbert en son Enchiridion, Discheuer, vieil mot Frã-çois qui signifie mettre à fin, mais il est dit quasi lesche vin, pour ce qu'il doibt taster le vin pour commencement de bõne police, affin qu'on n'en vende de mauuais.

Messieurs des comptes quant en Latin on les appelle *computores*, se scanda-

O iiij

lisent de ce mauuais mot Latin, & disent qu'ils sont appellez *cōpotores*, *quasi commensales regÿ*, & opiniastrét qu'il faut mettre en leurs gectoirs *pro camera compotorum*, selon tous les anciens.

Coquart, quasi coq hardy, qui leue la creste.

Palefrenier, d'vne palle & d'vn fenys.

Rimier quasi ris amer, tel que sont les farces rimees.

Seigneur, quasi senieur de *senior*.

Sauſe, *à ſalſo, quia ſine ſalſo ſalſamentũ non fit.*

Salique c'est à dire Galique, selon aucuns: selon autres, pource que les chapitres de la loy Françoise commencoyent quasi tous par ces mots,
ſi aliquis & ſi aliquid.

De nostre temps ce mot de Huguénots, ou Hucnots s'est ainsi intronisé quelque chose qu'ayent escript quelques vns que ce mot vient à *Gnoſticis hareticis qui liminibus extinctis sacra faciebant* selon Crinit. ou bien du Roy Hues Capel. ou de la porte de Hugon à Tours, par laquelle ils sortoient pour aller à leur presche. Lors que les pretendus refformez implorerét l'ayde des voix des Allemants, aussi bien que de leurs armees, les protestans estans venus parler en leur faueur deuant Monsieur le Chancellier en grãde assemblee, le premier mot que profera celluy qui portoit le propos, fut *Huc nos venimus*, & apres estant pressé d'vn reuthme il ne peut passer outre, tellement que le second dit de mesme, *Huc nos venimus*: & les courtisants presents, qui n'entendoyent pas telle prolation, car selon la nostre ils prununcent, *Houc nos venimous*: estimerent que ce fussent quelques gés ainsi nommez, & depuis surnommerent ceux de la Religion pretendue reformee, affin de parler selon l'edict, qui les auoyét employez & voyla la vraye source du mot.

L'allusion du nom de Regillianus luy seruit tant, que sans autre occasion il fust esleu Empereur, l'vn de ceux qui est nommé entre les trente Tyrans: en la vie duquel Trebellius Pollio dit, qu'apres la mort de Ingenuus, les soldats estans à table & deuisants à qui il failloit donner l'Empire, vn nommé Valerianus, commença de dire d'où vient ce mot de Regillianus? à Rego respondit vn soldat, puis vn certain qui auoit autres fois estudié en Grammaire esplucha ainsi, *Rex, Regis, Regi, Regillianus*: Tellement qu'vn autre suyuit, & dict: *ergo nos regere potest, & Rex esse*. Surquoy tous les souldats par vne acclamatió militaire l'esleurent Empereur. De sorte que l'on veoit par là, que ce n'est sans raison que Platon en son Cratile dict, qu'on se doit estudier de donner aux per-

ALLVSIONS. 110

sonnes de beaux noms:

Ie ne m'espancheray pas d'aduantage à poursuiuir ces allusions & Ethimologies que aucuns ont bien esté si grues que de deriuer moitié du François & du Grec, & du Grec & Latin, & de tous trois quant ils se sont aduisez. Et partant ie finiray ce chapitre sur l'Etimologie de ce mot Assassins qui est tiré d'assez loing, & dont l'histoire est aggreable: Nous appellons donc assassins, ces spadassins qui tuent vn homme de propos deliberé & de guet apend, & est venu le mot de Tartarie, en laquelle comme escrit Paulus Venetus en son Inde Oriétale, estoit vn grand Seigneur dominateur d'vne Prouince appellee Mulele, regnant en l'an 1150. vulgairemét appellé Assasin, & son fils Alardin: & *per Ioan. And. in gl. in verbo formidantes. c. 1. de homic. in 6.* Luezo de la montagna, autrement le vieil de la montagne lequel introduit le premier ces aſſaſſins ainſi ſurnommez de ſon nom en la forme qui s'enſuit. Il fit baſtir & conſtruire en vn beau lieu tout enuironné de hautes montaignes, le plus beau ſuperbe & ſomptueux Palais qui ſe pouuoit imaginer, le fit enrichir de ſuperbes & ſumptueux meubles, & le fit accommoder de grans iardins, parterres, & vergers des plus rares fruicts, que l'on ſçauroit ſouhaitter, auec milles cabanes, belles allees. Et y fit artificiellemét quatre fleuues qui couloyent quant il vouloit certaine eſpace de temps, du vin, du miel, du laict, ſans les naturels qui eſtoyent remplis d'eaue auec abondance de toutes ſortes de poiſſons. Au ſurplus à l'entour de ces montaignes il fit planter des Cedres & autres arbres, outre leſquels la montaigne eſtoit retranchee & rendue inacceſſible hormis par vne ſeule entree, & il auoit faict baſtir vn fort chaſteau & y auoit vne bonne & seure garde, Bref ce lieu estoit vn Paradis terrestre tel que le promet Mahomet en son Alcoran, car toutes sortes d'instruments & d'exercices n'y manquoyét iusques à y faire enfermer deux ou trois cés des plus belles filles qu'il auoit peu recourer: Voyla le fillet en somme pour attrapper ses gens, Qui estoyent tous les plus beaux hommes & robustes qu'il estoit aduerty qui passoyent par ses terres, lesquels il trouuoit moyen de faire arrester & leur faire donner vn breuuage pour les endormir: & puis en ceste sorte les faisoit mettre en vn riche lict au milieu d'vne salle où il y auoit infinis flambeaux, & donnoit ordre qu'à leur resueil ils entédoiét vne harmonie tres-exquise, & auoiét autour d'eux trois ou quatre de ces filles habillees en Nymphes, qui les seruoyent & accommodoient de riches habits, puis les menoyent en vne chã-

DES

bre richemët tapissee où ils trouuoyét vne table garnie de toutes les exquises viandes qu'on pourroit souhaiter, de là on les menoit solacier par tout ce lieu auec tel contentement qu'on sçauroit souhaitter, voire leur estoit permis de choisir à leur appetit telle fille qu'ils vouloyent: Puis ayant gousté ces plaisirs l'espace de sept ou huit iours, & qu'on les voyoit enyurez de telles delices, on leur donnoit de rechef, auāt que se mettre au lit vne potion saporifere comme auparauant, & auant qu'elle commençast son operation, arriuoit vn grand vieillart esleué sur vn trosne enuironné de petits enfans æslés, qui leur faisoit entendre qu'il estoit Mahomet grand Prophete, & que si ces hommes vouloyent estre sauuez & iouyr à perpetuitté de cette douce vie, qu'ils auoyent gousté, qu'ils debuoyét aller tuer certains Princes & Seigneurs qu'il leur nommoit (comme Tyrans & desagreables à Dieu) & les exortoit tellement outre ce qu'ils estoyent allechez, qu'estãs apres transportez endormis loing de ce chasteau, ils n'espargnoient leur vie pour l'esperance qu'ils auoyent apres leur mort de reuiure si ioyeusement. De sorte qu'en l'an mil deux cens cinquante six, vn peu apres la mort du Roy Loys, il y en eut vn si osé qu'il vint iusques dedans la tente du Prince de Galles qui estoit deuant la Cité d'Arres, lequel le voulut frapper droit au cœur, d'vn cousteau, mais il fut soudain mis à mort, & n'en retourna pas dire des nouuelles en son ioyeux paradis. Nos annales en la vie du Roy Philippes le Hardy le nomment messager Arsacide, au lieu d'Assassin. Quelque temps auparauant. 1193. Conrard de Mont-ferrat esleu Roy de Tyr fut tué en plein marché par de ces gens de bien la. Le bruict fut enuiron le mes-

me temps que Richard Roy d'Angleterre qui estoit outre mer auoit enuoyé vn Arsacide, car ainsi nommoit l'on erronement telles gens, pour tuer le Roy Philippes Auguste, qui s'en estoit retourné en France, mais cela ne se peut auerer comme aussi c'estoit vne baye, car ils ne venoyét point d'ailleurs que de ladicte montagne, si ce n'estoit dés que ce mot eut prins vogue. Bref par le moyen de ces assassins Asardin se fit tellement redoubter que plusieurs se rendirent ses tributaires, iusques à ce que le grand Cam nommé Allau en l'an mil deux cens soixante deux, apres l'auoir tenu assiegé, l'espace de trois ans l'affama & le print auec plusieurs de ces gens qu'il fit tous mourir, & razer la place. les vestiges de laquelle restent encor auiourd'huy fort superbes, & est chose admirable & digne d'estre bien remarquee que lesdicts pere & fils ont
bien

bien regné en ceste sorte selon la supputation des historiens enuiron cent ans.

P

DES LETTRES
numerales & vers numeraux.

R viendray ie maintenant aux lettres numerales desquelles les Grecs, Latins, & François ont fait de beaux vers, & gentilles Interpretations, & affin que l'on entende plus aisémét la façon, ie seray cõtrainct de premettre, que les Hebreux, Chaldées & Grecs, au lieu de Chiffres, & nombre d'Arithmetique auoyent coustume de faire seruir leurs lettres à la façon qui s'ensuit, que i'ay icy mis du long pour plus grande intelligence, comme ce que à leur exemple les Latins ont voulu imiter.

DES LETTRES

Α	1.	A	1.
ϐ	2.	b	2.
γ	3.	c	3.
δ	4.	d	4.
ε	5.	e	5.
ς	6.	f	6.
ζ	7.	g	7.
η	8.	h	8.
θ	9.	i	9.
ι	10.	k	10.
κ	20.	l	20.
λ	30.	m	30.
μ	40.	n	40.
ν	50.	o	50.
ξ	60.	p	60.
ο	70.	q	70.
π	80.	r	89.
ϟ	90.	s	90.
ρ	100.	t	100.
σ	200.	v	200.
τ	300.	x	300.
υ	400.	y	400.
φ	500.	z.	500.
χ	600.		
ψ	700.		
ω	800.		

D'ailleurs encore ils ont prins ces

cinq marques particulieres.
I. Vn.
Π. cinq, par ce que c'eſt la premiere lettre de πέντε qui ſignifie cinq
Δ vaut dix, premiere lettre du mot δέκα.
Χ. mille, du mot χίλιοι.
Η. vault cent de ἑκατόν.
Μ. dix mille, du mot μύρια.

Les Latins & François modernes ont auſſi choiſi ces ſix lettres numerales, encor que ie n'ignore point que tous les ſçauans ſont en cette opinion que ce ſoit deprauation des anciens nombres, comme ie deſduiray au 2. li. cha. des nombres fort amplement.
I vn,
V cinq, antique *quia quinta vocalium.*
X dix.
L cinquante.
C cent.
M mille.

Quelques autres y ont adiouſté D.

Des Letttres

pour cinq cens, mais il n'est pas receu de plusieurs.

De ces lettres numeralles les anciés Grecs colligeoyent lequel des deux combatants deuoyt vaincre, & estimoyent que celluy qui auoit en son nom plus haut nombre deuoit estre victorieux, ce que tesmoigne apertement ce vers de Maurus Terentianus, & dit que par cela on cogneut que Hector deuoit tuer Patrocle, & Achilles tuer Hector.

Et nomina tradunt ita litteris peracta,
Hæc ut numeris pluribus illa sint minutis
Quandoque subibunt dubiæ pericla pugnæ
Maior numerus qua steterit, fauere palmā,
Præsagia lethi minima patere summa,
Sic Patroclum olim Hectorea manu perisse,
Sic Hectora tradunt cecidisse mox Achilli.

Si tu veux prédre la peine de supputer les lettres Grecques desdits noms, tu trouueras que Αχιλεύς a en son nó, selon ce que dessus est escrit, 1501 : au lieu que Hector n'a que 1225. & Patroclos 801: despuis encor Achilles fut tué par Paris Alexandre,

A l'imitation dequoy il me souuient d'auoir veu vn Italien, qui faisoit estat de ne sçay quels nombres Pithagoriques de lettres Chiffrées à sa façon, par lesquelles il deuinoit vn borgne, boiteux, bossu, de quel costé c'estoit, au lieu que les anciens le prenoyent par syllabes des noms, prenants le nombre pair pour le senestre costé, & le nombre impair pour le dextre, comme on lit qu'Achilles fut blessé au pied dextre, Vulcan boiteux du pied gauche, Philippes de Macedone & Hanibal borgnes des yeux dextres, & ceux dont parle Pline: encor que Agrippa apres luy ayt voulu dire qu'il failloit choisir les voielles selon la valleur des nóbres Latins, & s'aydoit cet abuseur de cest Alphabet tant seulement aussi hazardeux & fabuleux que le liure des

Des Lettres

dez :
3. 3. 24. 25. 5. 3. 8. 15. 15. 15. 22. 23. 15. 8. 13.
A. b. c. d. e. f. g. h. i. k. l. m. n. o. p.

---

22. 22. 9. 5. 5. 6. 3. 3.
q. r. s. t. v. x. y. z.

Et pour venir à ce qu'il pensoit ayant escrit vn nom & prins lesdicts nombres il les diuisoit par cinq, & s'il restoit pair ou impair il faisoit son iugement comme dessus.

Il s'en aidoit encor de ceste sorte pour les mariages en deuisant ses nôbres par neuf.

Et pour sçauoir qui mourroit le premier d'vn homme ou d'vne femme, il deuisoit par 7. ayant ceste table qui le guidoit comme on a en la Geomantie.

Si des deux noms reste 1. & 1. le demandeur vaincra.

NVMERALES.

De 1 ⎫   ⎧ 2—2   *vincit.*
   1 ⎪   ⎪ 3—3 ⎫
   1 ⎪   ⎪ 4—4 ⎬ *vincit.*
   1 ⎬ & ⎨ 5—5 ⎭
   1 ⎪   ⎪ 6—1 ⎫
   1 ⎪   ⎪ 7—1 ⎬ *vincit.*
   1 ⎪   ⎪ 8—8 ⎭
   1 ⎭   ⎩ 9—1

Le deffendeur vaincra.

De 2 ⎫   ⎧ 2
   2 ⎪   ⎪ 3—3   *vincit.*
   2 ⎪   ⎪ 4—2 ⎫
   2 ⎬ & ⎨ 5—5 ⎬
   2 ⎪   ⎪ 6—2 ⎭
   2 ⎪   ⎪ 7—7   *vincit.*
   2 ⎪   ⎪ 8—2
   2 ⎭   ⎩ 9—9

DES LETTRES.

De 3 & 3—demandeur *vincit.*

$$\left.\begin{array}{c}3\\3\\3\\3\\3\\3\\3\end{array}\right\} \quad \left\{\begin{array}{c}4-4\\5-3\\6-6\\7-3\\8-8\\9-3\end{array}\right\} \textit{vincit.}$$

4 & 4—deffendeur *vincit.*

$$\left.\begin{array}{c}4\\4\\4\\4\\4\\4\end{array}\right\} \quad \left\{\begin{array}{c}5-5\\6-4\\7-4\\8-4\\9-9\end{array}\right\} \textit{vincit.}$$

5 & 5—deffendeur *vincit.*

$$\left.\begin{array}{c}5\\5\\5\\5\\5\end{array}\right\} \quad \left\{\begin{array}{c}6-6\\7-5\\8-8\\9-5\end{array}\right\} \textit{vincit,}$$

NVMERALES. 118

$\left.\begin{matrix}6\\6\\6\\6\end{matrix}\right\}$ & $\begin{cases}6\text{—deffendeur }vincit.\\ \left.\begin{matrix}7\text{—}7\\8\text{—}8\\9\text{—}9\end{matrix}\right\}vincit.\end{cases}$

$\left.\begin{matrix}8\\8\\9\end{matrix}\right\}$ $\begin{cases}8\text{—deffendeur }vincit.\\9\text{—}9\ vincit.\\9\text{—deffendeur }vincit.\end{cases}$

On a encor vsurpé a, e, i, o, v. pour 1, 2, 3, 4, cinq : dont tu verras de petits exéples cy apres, apres que j'auray recherché de plus haut ce qui est de plus excellent & digne de cognoissance.

Heliodore au 9. liure de son histoire Æthiopique dit, que Νειλ☉ qu'on appelle le Nil l'vn des plus celebre fleuue d'Ægypte, ne signifie autre chose que l'an ; parceque en la collection des lettres ainsi nombrées que dessus, il y a iustement 365. autant qu'il y a de iours en l'an:

DES LETTRES

N 50.
E 5.
I 10.
A 30.
O 70.
Σ 200.

Ie tien l'interpretation de cet excellent enigme des Sibylles, du sçauant d'Aurat poëte royal.

Sunt elementa nouem mihi sunt tetrasyllabus autem,
Percipe me prima tresyllabæ efficiuntur
Ex binis omnes elementis, cætera restant
In reliquis, quorũ sunt nõ vocalia quinque,
Totius numeri sunt bis hecatontades octo,
Et ter tres decades: cum binis: fiscieris me,
Non te qua potior sapientia dia latebit.

Dont il a industrieusement colligé ces deux mots:

Θ 9.
E 5.
O 70.
Σ 200.
Σ 200.
Ω 800.

T 300.
H 8.
P 100.

Lesquels nōbres reuiennent à 1692. qui sont iustement les nombres requis esdicts vers Sibylliques,

L'epigrammatiste Grec a ainsi gentillemét exprimé les heures de labeur & de repos des anciens:

Ἐξ ὧραι μόχθοις ἱκανώταται, αἳ ὁ μετ' αὐτὰς
Γράμμασι δεικνύμεναι Ζῆθι λέγουσι βροτοῖς.

que i'ay ainsi traduict,

Ducitur in sextam labor horam, deinde sequentes
Vt viuas Ζῆθν litera quæque monet.

C'est à dire que les anciens qui supputoiét le iour artificiel de douze heures esgalles estimoient qu'ayant trauaillé les six premieres heures dés le leué du Soleil c'estoit assez, & que le surplus des heures se deuoir employer à viure ioyeusement, ce que le mot Ζῆθν qui signifie vis en François, de-

Des Lettres

notoit tant par sa signification que par ce que les lettres signifient;

Σ	7.
Η	8.
Τ	9.
Ι	10.

Qui sont heures de repos ainsi que Martial le tesmoingne en son Epigrāme qui commence,

Prima salutātes atque altera continet horas,
Exercet raucos tertia causidicos:
In quinta varios exercet Roma labores,
Sexta quies lassis septima finis erit.

Et ce qui s'ensuit n'estant pas à nostre propos, qui en voudra veoir d'auantage lise la loy. 2. § cuiusque ff. de verbo. signif. vbi Alc. & Aul. G ll. lib. 5. c 2. Iean Ostulfius renommé Mathematicien entre les Allemans, ayant leu à la fin du 13. liure de l'Apocalypse. πᾶ-ή σοφία ἐστὶν ὁ ἔχων τὸν νῦν ψηφισάτω τὸν ἀριθμὸν τοῦ θηρίου, ἀριθμὸς γὰρ ἀνθρώπου ἐστί, κỳ ὁ ἀριθμὸς αὐτοῦ ΧΞϛ. C'est à dire, Icy en la sapience qui a entendement com-

DES LETTRES 120

te le nombre de la beste, car c'est le nõbre de l'homme, & son nombre est six cens soixante six. A trouué sur le nom de Martin Luther, Luder, ou Lauter, car ainsi a il esté surnommé, ce nombre parfaictement accomply,

M	30.
A	1.
R	80.
T	100.
I	9.
N	40.
L	20.
A	1.
V	200.
T	100.
E	5.
R	8.

Tous lesquels nombres font iustement 666. prenant les lettres Latines à la façon des Grecques.

Vn vieil rauaudeur a trouué ces nombres sur ces deux mots.

E	5.
K	20.
K	20.
Λ	30.
H	8.

DES LETTRES.

Σ 200.
I 10.
A 1.
I 10.
T 300.
A 1.
Λ 30.
I 10.
K 20.
A 1.

Mais telle sommation est vrayemét inepte pour deux raisons peremptoires, l'vne parce qu'il est certain qu'on ne dit pas ἰταλικα en Grec mais ἰταλικὴ : l'autre pource qu'il est dict le nombre de l'homme, & non-pas le nombre d'vne prouince : i'ay ouy asseurer qu'il a esté bien deux ans a rechercher tous les noms des Papes, mais iamais n'a peu rencontrer chose qui vaille.

Les susdicts exemples suffiront pour la premiere façon des lettres numerales : pour le regard de la façon dont ont vsé les Latins modernes & vieux François

François, que i'appelle, depuis enuiron cens cinquante ans, on en a faict de gentille inuention, qui n'ont pas esté negligez par la docte & curieuse posterité, & pense que si du temps de la purité de la langue Latine, ces lettres eussent esté receuës pour nôbre, sçauoir. I. V. C. L. M. pour la valeur que l'vsage leur a depuis attribué nous ne serions pas sans en veoir de gracieuses rencontres, & telles que Baltazar en son courtisan en rapporte deux: l'vne de l'inscription d'Alexãdre Pape sixiesme, qui auoit faict ainsi abreger son nom, *Alex. Papa vi.* pour dire *Alexand. & Papa sextus*, au lieu dequoy quelqu'vn interpreta selon escriture simple sans aduiser au nôbre de 6. *Alexander Papa vi.* par ce qu'il auoit esté faict Pape quasi par force.

Nicolas Pape cinquiesme ayant faict mettre ceste inscription N. P. V. pour

Q

signifier *Nicolas Papa quintus*, elles furent interpretees, *Nihil Papa valet*.

Le Pape Leon ayant faict poser ces
lettres numerales en vne table d'atté-
te, pour signifier l'an de son pontifi-
cat furent ainsi interpretees.
M. CCCC, L. X. *Multi Cardinales cæci
crearunt cæcum Leonem decimum*. Or di-
ray-ie ce mot en passant que ie ne sçay
comme on l'appelle borgne, veu qu'il
voyoit fort bien en l'air haut esleuez
les Esperuiers, Vautours & Aigles
auec les lunettes allant à la chasse fort
souuent, mais en recompense il lisoit
mettant la lettre aupres du nez encor
n'y pouuoit y voir goutte, côme tesmoigne Lucas Gauricus *in scematibus
cælestibus*, qui m'a faict ressouuenir
d'vn bô Curé qui ne peut lire és grosses lettres des liures d'Eglises sans lunettes, & neantmoins voit fort bien
és plus petis dez qu'on sçauroit choisir, & ne le pourroit on abuser.

NVMERADES. 122

Or retournant à noz moutons que ceste parenthese m'a presque faict oublier, ie t'aduertiray que de la seconde façon ie n'en ay point veu de plus anciés que les Epitaphes des quatre derniers Ducs de Bourgongne, premierement de Philippes le hardy.

AVdaCes Mors CæCa neCat.

Prenez les lettres numerales vous aurez l'an de sa mort qu'est 1405.

Celuy de Iean sans peur

ToLLe toLLe CrVCIfigc eVMsI VIs.

Qu'est l'an 1419.

Du bon Duc Philippes.

CeCIdIt IbI LVCerna PrInCIpVM.

Qu'est l'an 1466.

D'autres ont mis:

eCCe obsCVrat VS est so L prINCIpVM.

Qu'est 1467.

De Charles le terrible.

NoCte RegVM sVCCVbVIt CaroLVs,

L'annee de la bataille de Graues, en laquelle les rebelles Gantois furent

Q ij

Des Lettres

deffaits par ledit bon Duc Philippes, le 24. Iuillet 1453. est ainsi exprimé par ce vieil vers numeral.

peChIé sans ConsCIenCe est La Mort des GantoIs.

L'annee de la bataille de Montlhery qui fut 1465. le 27. Iuillet selon Commines, entre le Roy Loys xj. & le Duc Charles est bien remarqué en ce cry militaire.

A CheVaL a CheVaL gensdarMes a CheVaL.

L'annee que le grand Roy François fut pris deuant Pauie, qui fut l'an 1524. est ainsi exprimee par ces trois versets numeraux supputant l'annee dés le iour de Ianuier à la façon des Astrologues & de noz mœurs Françoises depuis l'an 1563. en ce premier vers, auquel le iour est ainsi denoté.

oCCVbVere aqVILa tyIa LILIa LVCi MathIa

Et ces autres deux remarquent l'annee seulement.

AqVILa ConCVLCaVIt LILIVM.
Item cettuy-cy est de Henry Corneille Agrippe,

CeCIdIt Corona nostra Væh qVIa peCCaVIMVs.

Il apporte encor celuy-cy du mesme Empereur, l'an de son couronnemét,

tIbI CherVbIn & seraphIm InCessabILI VoCe proCLaMant.

Qui fut l'an 1517.

Iodelle en la masquarade que fit la ville de Paris au Roy Henry apres la prise de Calais fit ce premier vers numeral en vn distique

Magna tIbI Capto ConCeßIt CVra CaLeto,

Cinge Comas, similes Ianus & annus erunt.

L'on m'a donné cestui-cy faict à Strasbourg.

BarthoLoMeVs f Let qVIa franCICVs oCCVbat AtLas.

A l'entree que fit Monsieur le Duc du Mayne à Dijon ville capitale de son gouuernement de Bourgonne on mit ce distiche de ma façon sur vn grand portique.

CaroLVs eXCIpIt Vr prInCeps Mente eC-
   Ce benigna,
  Præsagit faustum Iulius imperium.

Le second vers signifioit le mois de Iuillet, & le premier 1574.

Sur vn ieune escolier Prouençal nommé Patrice qui se noya se beignant en la riuiere de Garonne à Tolose, l'an 1568.

Ah perIt & CeLerIsfLagrans PatrI-
   CIVs aMnI
  ILLVdens Ipso reddIdIt ossa LoCo.

Vn peu auparauant i'auoy faict celuy-cy, sur vn autre mien compagnon de Carcassonne nommé Pierre Morot quand il prit son degré l'an 1567.

Vt faVeant Astræa, tIbI phœbVsqVe benIgnVs,

NVMERALES. 124

HeVs tua VIrtVtis seMIna qVIsqVe
  VIdet.

Sur l'histoire de Iudith que i'admi-
ray dés l'an 1570. en ayant ouy reciter
quelques vers, ie fis ces trois carmes:

Gesta bona IVdIth doCtIs Ita VersIbVs
  ornas,
Hos Vt qVI reLeget, tete VIdIsse pVtarIt
HanC ConIVranteM In CapVt eXI-
  tIaLetIrannI.

Auant que venir aux autres, encor
mettray-ie ces quatre vers de ma façon esquels n'y a lettres numerales
sinon pour exprimer 1581. que ie fis
sur le fils de Monsieur le Vicomte de
Tauennes.

MensesVb AprILI TaVanVs nasCItVr
  Infans.
QVI proaVos ataVósqVs refert, faLLen-
  tIa neC sVnt
QVæ dea fatIdICo præsagIa pretVLIt ore
I, qVo fata trahVnt pVer ô generose pa-

Q iiij

DES LETTRES.

terna.

La natiuité du bon Heobanus Heſſus poëte Alleman eſt ainſi gentilement depeinte,

Coeperat Vrg LaVCI nato apparere CabaL
LVs
AeDItVs eſt Vates HeſſI DesoratVVs

Ou les DD. ſont chacun pris pour cinq cens, & font l'an 1488.
Sur ſa mort aduenue l'an mil cinq cēs quarante, a eſté faict ceſtuy mieux façonné:

LVCe MINVs qVInta oCtobrIs ſVa fata peregIt
Phoebo HeſſVs gratVs CaſtaLIoqVe Choro.

Vtentione s'en eſt voulu meſler, mais malgré Minerue à mon iugement, car pour venir à ſon point il abrieue que, en q, afin d'oſter vne lettre numeralle, ce qui n'eſt pas admiſcible, comme en ceſtuy de Magdeleine de Naſſau Conteſſe de Niennaer qui mourut mil v.c. lxvij.

HIC VbI MagdaLena IaCet NaſſoVIa, Candor,
CanaſIdes, & honos, IntegrItaſq; IaCent.

Son François eſt encore ſi rude que ie fay conſcience de le mettre, ſinó affin de propoſer vn exemple pour euiter:
Le Cer CVeILoV MagdaLene repoſe,
IntegrIté IoInt la foy tIent encLoſe.
Il eſt eſcrit aux Annalles de Fráce, que ainſi que l'on portoit baptiſer Charles 8. Roy de France, ainſi que l'on entroit à l'Egliſe les preſtres chantoient ce verſet,
InſtILLICIDIIs eIVs LetabItVr, & bene DICes Coronæ, auquel eſt contenu l'an de ſa natiuité, 1468. ce qui fut pris pour vn tresbon augure, par ce que la fin dudit verſet ſuit ainſi, *Et campi tui replebuntur vbertate*.
A Paris en l'hoſtel aſſis entre la chambre des comptes & le palais, ſur le chemin par lequel on va en l'iſle dudict

palais est escrit en lettres d'or numerales, les autres d'Azur.

AV teMps dV roI CharLes Le hVIt,
CeſtVI hoſteL s'I fVt ConſtrVIt.
Dont ou peut colliger 1485.

Les Flamens vexez & tournmentez souz la dure & cruelle Tyrannie du Duc Dalbe, qui les contraignoit de payer la dixiesme partie de leurs biens, luy firent ce verset : les lettres duquel estás decimees, le depeignoiẽt au vif,

Eſt ne hic aLuarus Dux iAm pius aut iAm prudens.

Car oſtant touſiours la dixieſme lettre reſtoit,

Eſt ne auarus dux impius aut imprudens.

Pour monstrer comme noz anciens ont vsurpé lesdits cinq voyelles, ie seray contraint de lire cest exemple du chapitre des ieux ingenieux amplement discouruz au second liure.

Prenez en vn damier trente dames, &

NVMERALES. 126

les disposez selon les cinq voyelles cō-
tenues en ces vers:

Populeam virgam mater regina tenebat
de sorte que les blanches soient situees
les premieres & les rouges apres en
ceste sorte,

  o u e a i a
·oooo●●●●●oo●ooo●

            O a
            ●

● oo ●●o●●oo● e
a e e a i e

Puis l'on dit que cela signifie les chrestiens designez par les blanches, & les
Iuifs par les rouges, lesquels estans en
mesme basteau survient vne tempeste,
tellement que le Pilote dit faut des-
charger le nauire, & iecter le neufiesme en ordre en la mer, on commence
à compter à celuy qui porte la croix,
& prent lon tousiours le neufiéme, de
sorte qu'en fin il ne demeure que les
seuls Chrestiens, ce que ledit vers met

en memoire soudainement.

Pour ne prendre que la troisiesme, quatriesme, &c. on les dispose en ceste façon, mais il n'y a point de vers: quelqu'vn parauenture en recherchera, ou trouuera de luy mesme.

Pour leuer la troisiesme,
ee,aaa,eee,aaa,eee,aa,e,a,ee,a.

Pour leuer la quatriesme,
aaa,e,a,ee,i,e,aaaaa,,ee,i,e,a.

Pour leuer la cinquiesme,
eee, aaaaaa,ee, aaaa, e, i, o, a.

Pour leuer la sixiesme,
aa,e,ii,e,a,ee,a,e,o,i,aaa:

Pour la septiesme,
a,i,a,i,e,ii,e,a,e,o,e,aa.

Pour la huictiesme,
a,e,aa,ee,a,e,i,aa,i,ee,o,e.

La neufiesme,
Populeam virgam mater regina tenebat.
o,u,e,a,i,aa,ee,a.

Le dixiesme.
e,a,i,u,ee,o,aa,i,a,ee,a.

NVMERALES. 127

Pour l'vnziefme,
0,0,a,e,aa,ee,oo,ee,i,&c. *in infinitum.*

La Roche autrement nommé Villefranche en fa grande Arithmetique, a voulu mettre le ieu des trois chofes diuerfes, mais il s'eft equiuoqué en tout & par tout, & n'en fçauroit-on venir à bout felō fa traditiue, que i'ay ainfi raccommodé fort aifément par ces trois lettres numerales a. e. i, dont on faict fix mots.

Allez 1.	nul reftant.
le mardi	1. vn reftant.
Car Michel	2. reftant.
fin vallet	4. reftant.
en riant	5. reftant.
il fera	6. reftant.

3. iamais ne refte.

La pratique eft telle, prenez vingtquatre gectoirs ou petites pierres, puis a trois qui feront en la compagnie, que ie nómeray Ieā, Pierre, & Fiacre, pour plus facile intelligence, donnez de ces

Des Lettres

gectoirs vn à Iean, deux à Pierre, &
quatre à Fiacre, & vous reſſouuenez
ſur tout à qui aurez doné voz pierres
laiſſant les 17. gectoirs qui reſterōt ſu[r]
la table deuant eux. Cela faict poſe[z]
trois gages ſur la table, comme vn[e]
bague, vn gand, & vne clef, deſquel[s]
chacun des trois en prendra tel qu[e]
bon luy ſemblera: Quant le choix ſer[a]
fait, celuy qui veult deuiner, dira: quiconque a la bague qu'il en pregne vn[e]
fois autant qu'il en a, lors ſi Pierre a l[a]
bague il en prendra deux des 17. qu[i]
ſont reſtez, puis on dira qui a le gan[d]
qu'il en preigne deux fois autant, lor[s]
ſi iean a le gand, il en prédra deux, ca[r]
il n'en auoit qu'vn: en apres il di[ra]
quiconque a la clef en preigne troi[s]
fois autant qu'il en a, lors Fiacre e[n]
prendra douze, parce qu'il en auoi[t]
quatre: faut en apres demander, combien reſte-il de gectoirs? vn reſpondr[a]
qu'vn, Surquoy celuy qui voudra de-

uiner, se resouuenant de l'ordre qu'il aura nommé les gages, car c'est le principal & la clef du ieu retournant à ces mots susdictes dira aisément qui aura ledit gage par ce mot,

Le Mardy.

qui est denoté quant il en reste vn, car la premiere syllabe denote celuy qui a vn gectoir, & la voyelle comprise en icelle denote le gage qu'a choisi celuy qui a ledit gectoir: A signifiant le gage qu'on a nommé le premier, E le gage qu'on a nommé le second, & I, celuy qu'on a nommé le troisiesme, & aussi la seconde syllabe signifie celuy qui a deux gectoirs, & la troisiesme sillabe celuy qui en a quatre, de sorte que s'il reste six gectoirs vous prendrez. *i sera*. Qui signifiera que l'homme qui a vn gectoir a celuy des trois gages qu'auez nómé le troisieme d'ordre, celuy qui a deux gectoirs a le gage nommé en ordre secód, & celuy qui a

Des Lettres

quatre iectoirs a le gage premieremét nommé. Aucuns l'ont voulu faire en nommant seulement au troisiesme trois iectoirs comme la Roche, mais il y a faute apparente. Car cinq gectoirs peuuent rester aussi bien sur e, a, i, que sur a, i, e, & quant il en restent 7. sur i, a, e, & e, i, a, il y a aussi equiuoque & faute apparéte, de sorte qu'on ne peut bien deuiner, sinon sur 4 6. & 8. restás comme l'exemple suiuant le monstre:

quatre gectoirs restant		
cinq	Samedy	bon
six	a disner s'esbahi	rencontre.
sept	Fiacre	bon
huict	eniura miracle	rencontre.
	Guillemard	bon.

Nous finirons nostre chapitre des lettres numerales reseruant le surplus aux nombres, n'ayant icy entremeslé ces ieux, sinon pour monstre que les lettres prises pour nombre, aident souuent

souuent à la memoire, & que sans icelles difficillement pouroit-on se resouuenir de ces petites inuentions gentilles.

R

DES VERS
RAPPORTEZ.

CHAP. XIII.

Eu que beaucoup de personnes ont practiqué de tout temps ceste spirituelle façon d'escrire en vers rapportez, & mesmes de nostre temps elle est si frequente & commune, que la multitude en est plus ennuyeuse que plaisante, pource que aucuns se rendent si affectez, que pour venir à leurs rapports, on ne sçait le plus souuent qu'il veullent dire, & gastent ceste gentille inuétion par leur trop grande affectation: Ie t'apporteray peu d'exemples. Entre les œuures de Virgile, se void sur l'Epitaphe d'vn incertain autheur, aussi docte & naif qu'on sçauroit souhaitter,

Pastor, arator, eques, paui, colui, superaui
Capras, rus, hostes, fronde, ligone, manu.

Monsieur Tabourot Official à Lengres, l'a ainsi miraculeusement traduict en ces deux Alexandrins,

Pastre, laboureur, Duc, i'ay peu, besché, submis
De rains, de pics, de mains, cheures, champs, ennemis.

Les cheualiers traducteurs du Virgile l'ont ainsi faict,

Pasteur, rustic, guerrier, i'ay peu, besché, mis bas
Cheures, champs, ennemis, de fueille, hoye & bras,

L'autheur est incertain du suiuant.

Ex minimis, vitium, calum, modulamina, castra.

RAPPORTEZ.

Venit, alit, penetrat, mitigat, exuperat:
Seditio, requies, oratio, cœna, fauilla
Maxima, longa, breuis, semibreuis, minima.

Sur la mort d'vn ieune homme de bonne maison qui fut tué allant à la poursuitte d'vn estat de Conseiller, fut faict au tombeau que luy dressa Môsieur Bourgeois Seigneur de Crespy à present President aux requestes à Dijon, ce disthicque:

Atrox, excelsus, pius, adserit, attulit, auget,
  Mortem, animam, famam, vulnus, olympus, honos.

Ce suiuant est assez ioly

Hircus cum pueris, puer vnus, sponsa, maritus
  Cultello, lympha, fune, dolore cadit.

Iodelle qui de son viuant auoit grãde reputation feit vn disthicque Frãçois hexametre & pentametre scandé à la Latine de ceste façon:

Phœbus, amour, Cypris veut sauuer, nourrir
  & orner.

Ton vers, cœur, & chef, d'ombre, de flam-
   me, de fleurs.

Voicy vn disticque Grec des amours
de Iupiter auec vn rapport aggreable.

Ζεὺς κύκνῳ, ταύρῳ, σάτυρῳ, χρυσῷ,
   δί ἔρωτα
Λήδης, Εὐδύτης, Ἀντιόπης, Δανάης.

Ce qu'a ainsi tourné vn certain

Fit taurus, cicnus, Satyrúsque, aurúmque ob
   amorem.
   Europa, Ledes, Antiopa, Danaes.

Autres-fois i'ay faict ces suiuans en
faueur d'vne de mes idoles parlantes.

Ta beauté, ta vertu, ton esprit, ton maintien
Esblouyt, & deffaict, assoupit & renflamme
Par ses rays, par penser, par crainte pour vn
   rien
Mes deux yeux, mon amour, mes desseings, &
   mon ame.

Item:

Vous aués la beauté, l'esprit, le cœur, la grace
Diuine, accort, gentil, bonne, qui me faict
   prendre

vn desir, vn espoir, vn soulas, vne audace
D'aimer, iouir, cherir, du tout à vous me rendre.

I'appris cest autre d'vn bon frelaud d'Auignon, c'est l'Epitaphe d'vn esperuié addressé au passant,

Passant, vn espernier, vn marquis, vn Baron
Ennemy de perdris, honeste trop puissant,
M'escloant hors de l'œuf, me paissant, me pressant
M'engendra, me nourrit, me mis sous Acheron.

En vne vieille Bible en vers, manuscripte, que ie garde curieusement, à l'endroit du passage, où Iacob se tourmente de la mort de Ioseph, qu'il pensoit estre vraye, y a ce disthicque que i'ay bien voulu icy inserer.

Lumen, lingua, manus, fletu, clamoribus, hamo
Hora, locum, crines, abluit, implet, arat.

Ce disticque est du mesme liure,
Vt Ionas, Iudith, Daniel, domo lenio seruo

DES VERS

Monstra, feras, ciues, spē, pietate fide.

Il y en a plusieurs autres.

Mon compere Desplanches m'a donné celuy cy, que luy laissa en passant vn aduenturier.

Incerti authoris.

Nata, soror, genitrix, patrem, fratrémque, virúmque
   Scerpit, edit, calcat, vnguibus, ore genus.
Mus, aquila, & Cete, glycirā Risé Heliofloram
   Rodit, agit, terret, dente, volando, metu.

Leonardus de Vtino in sermo. 43. rapporte ce suiuant de la femme,

Fæmina, corpus, opes, animam, vim, lumina vocem
Polluit, annihilat, necat, eripit, orbat, acerbat.

Item illud ex Rebuffo in tit. Concord. de publicis Cōcubinariis in 20. pœna.

Corpus, opes, animam, consortia, fædera, famam.
Debilitat, perdit, necat, odit, destruit, aufert,
   (fæmina subaudi.)

RAPORTEZ. 133

J'ay veu autres-fois vn vers de la comparaiſon de la France & de la Flādre faict en l'an mil cinq cens ſeptante, qui contenoit vne fort belle façon de rapport, mais pource qu'en ce téps la il eſtoit ſeditieux, ie ne m'en voulus charger, & depuis i'ay taſché de le recouurer, mais en vain.

L'on dict que Tamiſier, poëte excellent, à moy toutesfois incongneu, a baſty ceſtuy-cy ſur vn ſeditieux guerrier, ie penſe que ſoit vn des mieux faicts & plus laborieux qu'on ſçauroit trouuer, Car il eſt rapporté depuis la fin iuſques au commencement.

De fer, de feu, de ſang, Mars, Vulcan, Tyſiphone,
Baſtit, forgea, remplit, l'ame, le cœur, la main
Du meurtrier, du Tyran, du cruel inhumain,
Qui meurtrit, bruſle & perd la Françoiſe couronne
D'vn Scythe, d'vn Cyclope & d'vn fier Leſtrigone.
La cruauté, l'ardeur, & la ſanglante faim
Qui l'anime, l'eſchauffe & conduict ſon deſſein.
Rien que fer, rien que feu, rien que ſang ne reſonne
Qu'il puiſſe par la paix cruellement mourir
Ou par le feu du ciel horriblement perir.

DES VERS

Et veoir du sang des siens la terre estre arrousee
Soit rouillé, soit esteint, soit seché par la paix
Le fer, le feu, le sang, cruel, ardent espais
Qui meurtrit, brusle, & perd la France diuisee.

En contrepetant certains diauoles calomniateurs qui auoient faict ce rapport de diuerse façon sur quatre Papes. Lequel ie n'eusse apposé si tous n'eussent esté ennemis capitaux de nostre France.

Paule, Leon, Iule, Clement,
Ont   *   *   *
Iules, Clement, Leon & Paule,
Ont pertroublé toute la Gaule,
Paule, Clement, Leon & Iules,
Ont mains   *   *   *
Iules, Clement, Paule, Leon,
Ont faict   *   *   *

L'on fit ce huictain de mesme aloy sur leurs protoministres,

Luther, Viret, Beze, & Caluin,
Ont renuersé l'escrit diuin,
Beze, Caluin, Luther, Viret,
Croyent autant Christ que Mahomet,

RAPPORTEZ.

Caluin, Luther, Viret & Beze
Ont mis tout le monde à mal-aise,
Beze, Viret, Caluin, Luther
Et les leurs iront en enfer,

DES VERS LET-
trisez ou paronoemes.

CHAP. XIIII.

Recherchant vn nom propre & d'vn son agreable à l'oreille, ie n'en ay point, selon mon aduis, trouué de plus propre que celuy q̃ i'ay mis en l'inscription, de vers lettrisez: pource que tous les mots de chacun vers commencent par la mesme lettre q̃ le premier mot. Les Grecs & Grammariens Latins les ont appellez Paronoemes, de παρά & ὅμοιος, id est iuxta similis, c'est à dire aupres & semblable, encor qu'il me semble que ceste denomination est trop generalle: pour exemple ils ont donné ces trois:

DES VERS LETTRISEZ.

Machina multa minax minitatur maxima muris.

At Tuba terribili tonitru taratantara trusit,

Encor qu'aucuns lisent,

At tuba terribili sonitu, &c.

O Tite tu'e tati tibi tanta Tyranne tulisti.

Vn Allemand nommé Petrus Porcius poeta, autrement Petrus Placentius, a faict vn petit poeme laborieux le possible, auquel il descrit *pugna porcorum* en trois cens cinquante vers ou enuiron, qui commancent tous par P, dont i'ay rapporté ces xvj, suiuants pour exemple & pour contenter ceux qui ne l'ont pas veu.

Præcelsis proauis pulchrè prognate patrone
Pectore prudenti pietatéque prædite prisca
Præter progeniē, præter præclara parentum
Prælia, pro patria pro præsulibúsq; peracta:
Pleráq; pro populo proprio perfecta potenter,
Pellucens probitate potentéque prosperitate
Proptereáq; probas philomusis prosequerísque

ou Paronoemes. 136

parnasso potes precio precibúsque poëtas.
postquam percepi puerile placere poema
præcipuè propter præscripta præmia pugnæ
porcorum placuit paruam præfigere pugnæ
pagellam, porci prodentem proprietates
plausibiles pinguem patronum promeruisse
pectore pinguiculo pol promeruisse poetam
pingui porcorum pingendo poemate pugnā.

Depuis peu de temps en ça vn Allemand nommé Christianus Pierius, a faict vn opuscule d'enuiron mille ou douze cés vers intitulé, Christus Crucifixus, tous les mots duquel commécent par C. dont i'ay seullement pris ces 4. suiuans,

   Currite Castalides Christo comitante camœnæ
   Concelebraturæ cunctorum carmine certum
   Confugium, collapsorum, coucurrite, cantus
   Concinnaturæ celebres celebrésque cothurnos.

Des Vers Letrisez.

Estant ieune escholier à Paris, demeurant au college de Bourgongne ie fis ce quatrain letrisé que ie presentay au feu sieur Viole, lors Euesque dudit lieu assez aisé à cause de V, que i'ay faict à volonté tantost voyelle, tantost consonne.

Vim vernæ violæ visu veneramur vtroque
virtutes varias vulgus vti Violi.
Ventorum violat violas violentia, verùm
Virtutem violi ventus vbique vehet.

Ce suiuant est vieil mais il sera nouueau à ceux qui ne l'auront veu,

Foemellas furtim facies formosa fefellit,
Fortuito faciens feruenti furta furore
Fur foricas fertur futuens flagróque feritur.

Il s'en pourroit ainsi faire sur chasque lettre, mais auant que l'on en ait faict six de suite il est permis de boire vn bon coup. Cest acrochiste paronoeme qui fut fait par vn ieune escollier l'an du sacre du Roy Charles IX. ne sera mal à propos.

Caroli

OV PARONOEMES. 137

Carole, Cui Clarius Cui Cultæ Cuncta Camoenæ
 Aspirant, Aliis Altior Æthereis,
Relligio Regni Recta Ratione Regatur,
 Omnibus Obiicias Obsequiosus Opem,
Laurea Lex Laudes Lucentes Læta Loquatur.
Vexillum Vafrum Vis Violenta Vehat.
Suscipe Sicilidum Solemnia Sacra Superstes,
 Florescat Fælix Francia Fac Faueas.

La lettre F superabundante outre le nom Carolus signifie Francicus.

Par faute d'en auoir veu en françois, ie mettray ce suiuant de ma façon que ie fis aagé seulement de 14. ans, pource que despuis ie n'ay pas essayé d'en faire d'autres, & ne sçay pour dire verité si ie le tentois à present si i'en viendrois mieux à bout, c'est vn Acrostiche lettrisé de

S

DES VERS LETTRISEZ.

François florir France
Royallement Regnera,
Amour Amiable Aura,
Ny n'aura nulle nuisance,
Conseil Constant conduira,
Ordonnant obeissance,
Iustice il illustrera,
sur ses subiects sans souffrance.

DES ACROSTI-
CHES.

OR puis que i'ay au chapitre precedent amené en ieu deux Acrostiches, il ne sera mal à propos d'en faire mention. Acrostiches donc sont vers qui en leurs premieres lettres contiennent quelque nom propre, ou autre mot chose intelligible. C'est la diffinition que leur donne à peu pres *Coelius Rodig. lib. 13. cap. 19. lectio antiq.* alleguant que les Sybilles en ont faict de ceste façon, comme aussi le poete Ennius. Quant à ceux de Ennius ie ne çay où il les a veu: du moins le Curieux collecteur de ses vers n'en fait aucune mention, Quant à ceux des Sy-

S ij

DES

billes dont Ciceron mesme fait mention en son second *de diuinatione*. Ie les ay veu tournez par vn Sebast. Castellio, & y a aux Acrostiches. IESVS CHRISTVS DEI FILIVS SERVATOR, prins suyuant le Grec.

Nous auons entre les Latins les argumens des Comœdies de Plaute, tous faicts de ceste façon, comme pour exemple ie mettray celuy de la premiere surnommé Amphitruo.

Amore captus Alcumena Iupiter,
Mutauit sese in formam eius coniugis,
Pro patria Amphitruo dũ cernit cu hostil,
Habitu Mercurius ei subseruit Sosia:
Is adueniereis seruũ et dñm frustra habet
Turbas vxori ciet Amphitruo: atque inuicẽ
Raptãt pro mœchis. Blepharo cap.º arbiter
Vter sit, non quit Amphitruo decernere
Omnẽ rẽ noscũt, geminos Alcmena enititur.

Sans m'amuser à d'autres exemples d'autant que la façon en est au-iour-

ACROSTICHES. 139

d'huy triuialle, & que tu en as entre les Anagrammatismes & au chapitre precedent des exemples, ie viendray à d'autres especes plus laborieuses & spirituelles à mon aduis, comme ce quatrain François qui contient à la fin & au commencement ANNA, & encor que i'aye souuenance d'en auoir veu vn semblable és œuures de quelque Poete nay du temps de Marot, toutes-fois ie n'ay pas bonne souuenance des mots, mais soit que ie m'en soys resouuenu, ou ie l'aye r'accommodé à ma fantasie: il est ainsi.

Amour au cœur le nom d'Anne imprimA,
Zom tres-heureux d'vne que i'ayme bieZ,
Zy de nous deux cost amoureux lieZ,
Autre que mort deffaire ne pourrA.

Ce suyuant Latin fut donné à vn gentil Docteur en Theologie nommé Pierre Manei auec vn present que luy fit vn sien escolier en ma presence,

DES

Pierides Musæ diuino numine Vate
Exiguum hunc afflate precor, quò munera gr..
Tanto ferre v..e possim, concedite, nume
Raptum est de cœlis aliud, venerabile cert
Ohe igitur vatis res augete minut

Encor y a il vne façon plus curieuse & penible quant toutes les premieres tres sont en distiche assemblees sõt vn nom: Comme les deux apposez au deuant de Petrus Porcius qui desdie son liure Ricaldo Abher,

Res Inamœna Caret Affectu Læta Decorem
Omnimode Aspirat Bellula Habe Ergo Rata.

L'autre est ainsi,

Plura Latent Animo Cœlata Et Non Temeranda
Judicis Vllius, Scilicet hoc volui.

Ces iours passez entre les Epitaphes d'vn Conseiller de Dijon nommé Maclou Popon vn sien collegue m'a faict venir cestuy-cy de sa façon,

ACROSTICHES. 140

Mens Astuta, Capax Legum, Orando Valuisset
Præclare Omnigenis Populis Obtendere Nubem.

Ie trouue certainement ceste inuention industrieuse & beaucoup plus que ce vers de Trasimache le Sophiste tant recommandé par les Grecs, lequel pour exprimer son nom auoit vsé de ceste façon:

Τῦ νόμα θῆτα, ῥώ, ἄλφα σᾶμ, ῦ, μ. ἄλφα χί
  ϰ σᾶμ
Πατρὶς χαλκηδών ἡ ᾗ τέχνη σοφίη.

Nomen (inquit) Thita, Rho, Alpha &c.
  Patria Chalcedon, ars mihi sed Sophia:

Il veut dire assemblez ces lettres c'est Thasimachos. Il me faict souuenir de la vulgaire chanson Tolosane:

  Ioane, Ioane preste mè ton ce o ane,
  Per bouta mon v i té,

Si l'on a faict des vers Acrostiches aussi a l'on bien faict des liures selon que encor nous voyons au iour-d'huy l'histoire Ecclesiastique de Nicepho-

S iiii

DES

re, les Concordances des contrarietez de Bartole, par Antonius Nizellus, où la premiere lettre de chafque chapitre qu'on a marqué de rouge és anciennes Impressions de Venife, porte expreſſement, *Antony Nizelli iuris vtriuſ-que doctoris Placentini, &c.* L'autheur du liure appelé le fonge de Poliphile, en a faict de mefme, & fe lit aux premieres lettres morefques de chacun chapitre, *Frater Franciſcus Columna Poliam peramauit.* Ie trouue de ma part ceſte inuention gentille affin d'empefcher que quelque Corneille Æſopique ne s'attribue la louange de tels liures, fouz ombre qu'ils eſtimeroient iceux eſtre anonymes & fans expreſſion de l'autheur: Et fi Heliodore autheur de l'hiſtoire Aethiopique, eut ſceu ce ſecret il eut ayſement conſerué ſes liures & ſon Eueſché enſemblement, qu'ó dit luy auoir eſté oſté pource que il n'auoit pas voulu deſauouer ſon liure.

De ces Acrostiches a pris source vne ingenieuse sorte de ieu & propre à resueiller les esprits, que i'ay souuent veu practiquer entre des Damoiselles. On demande en premier lieu à chacun de la compagnie, le nom de son amye, ou de son amy. Et puis s'il est fidelle amāt ou amante, on l'exhorte de faire vne louange sur chasque lettre qui est au nom d'iceux, comme sur

   M Mignarde
   A Amyable
   R Riante
   I Ioyeuse
   E Entiere.

   P Prudent
   I Iuste
   E Eloquent
   R Religieux
   R Rare
   E Estimé

DES

Quand chacun a poursuiuy de mesme selon l'ordre, & que l'on a esté bien empesché, pour diuersifier à trouuer des autres louanges, l'autheur du ieu vient proposer que le donzel ou la donzelle que luy a choisy, desdaigne cestuy qui les a nommé & loué: Et dit que pour reuanche il faut trouuer vn vitupere sur le mesme nom, comme

M   Mauuaise
A   Audacieuse
R   Rioteuse
I   Insolente
E   Euentee

P   Poltron
I   Iniurieux
E   Estourdy
R   Rude
R   Roigneux
E   Estrange.

Quand chacū s'est efforcé du mieux qu'il a peu à vituperer, car notez que les iniures croissent plus volontiers à la bouche que les louanges, celuy qui a proposé le ieu les accuse tous de legereté, & dict qu'il ne croira iamais que s'amye soit autre que sage: & quãt elle auroit fait ce dont on l'accuse, si la veut il tousiours fidellement cherir, reuerer, honorer, aymer, &c. Hierlas! le fidelle amant.

DE L'ECHO.

Chap. XVI.

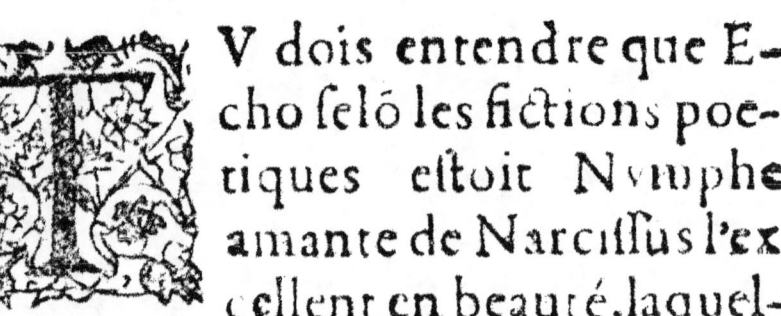V dois entendre que Echo selõ les fictions poetiques estoit Nymphe amante de Narcissus l'excellent en beauté, laquelle nonobstant qu'elle fut desdaignee, si est ce que endurcie en son malheur, encore elle ayma cest orgueilleux, iusques à la mort, & en fin à force de crier elle deuint vne voix par la misericorde des Dieux, qui la transformerent en ceste façon, de sorte que sa voix accompagna iusques à la mort

De l'Echo.

ce miserable, qui mourut de l'amour de soy-mesme, & pour ne pouuoir iouyr de luy-mesmes, la fable est amplement descripte par Ouide, en ses Metamorphoses. Les Philosophes specialement Aristote en ses problemes tiennent que ce n'est qu'vne repercussion d'air qui se faict à cause de quelque rocher, concauitez, voultes ou grottes champestres, qui retiennent la voix, & la gardent d'eschaper, mais la renuoyent d'où elle vient: & n'estiment pas plusieurs que l'Echo puisse exceder sept syllabes, tesmoing Lucrece, *Sex etiam ac septem vidi loca reddere voces*: & mesmes entre les antiques on remarque deux lieux par excelléce où l'Echo estoit heptasyllabique, sçauoir le portique Olympien, qui fut à ceste occasion surnommé *Heptaphonos*, & l'autre les Tours de la ville Cizique, qui reuerberent autant de voix. I'en ay remarqué trois du moins hexasyllabiques, L'vn à Tholose pres les Roquets, l'autre en Vaulx village à quatre lieues de Langres. Et l'autre en Italie, pres le trou de la Sibylle, Et encor d'abondant celluy de Charanton pres Paris. I'ay ouy dire à ma commere Reratinee, que quand on entend ces voix à, ce sont pour le certain des esprits qui font leur penitence en ce monde. *Il magnifico senatore di Milano*, auoit estudié à son eschole, quand il se pensa noyer (comme recite Cardan) à cause d'vn Echo qui luy respondit la nuict selon sa voix, (*debbo passar qui? passa qui*) aupres d'vn profond marest, lequel par la dexterité de son cheual il eschappa, & puis se plaignoit le lendemain que les mauuais esprits l'auoient deceu. Toussainct Patris n'estoit pas superstitieux, car faisant vn adiournement sur les limites de la prouince de Bourgongne, pres de quelque môgne, ayant entendu vne voix, qui re-

De l'Echo.

petoit ce qu'il crioit à haute voix, fist relation en ses exploicts qu'il n'auoit veu personne sinon entendu quelques mocqueurs qui resonnoyent, c'est à dire, se mocquoyent par vne repetitiõ malseante & tronique de la iustice.

Or sans s'espancher plus auant, les poetes ont trouué vne gentille façon de poetiser sur la repetition des mots qu'ils ont surnommé vne Echo. Tu as en Erasme vn gentil Dialogue en ceste forme Comme encor autres infinis qui sont imprimez. Ie mettray donc seulement pour exemple ce Latin non encor veu, qu'est vn Epitaphe sur la mort d'vn sçauant Aduocat de Bourgongne nommé Guillaume Tabourot.

Vi. tua & Echo introducuntur.

V. Nunc ego sola meos hic nulla teste dolores
Solaber, tristi tristior et misera.

DE L'ECHO.

Hac à parte iuuat sylvarum obscurior um-
bra,
    Muscoso inde placent antra referta situ
Hinc etiam fontes è quorum murmure leni
    Exiguos lapides ingemuisse puto.
Atque inter tantos si fas gaudere dolores
    Hunc equidem lætor me reperisse locum,
Nullus adest. Ec. est. V. hic loquitur quis in-
    stinctu æquo.
Ec. *Echo.* V. *Responde tu, rogo si dea.* E. *ea?*
Vid. *Qui me agitant fluctus.* Ec. *luctus.* V.
    semperne manebit
    Aut dolor assiduè me superabit? E. *Abit.*
V. *Non abit, at contra Cadmæi militis in-*
    star
    Nascitur, & lætam me fore reris? E. *eris*
V. *Absit vt hoc credas, prohibens fata aspe-*
    ra. Ec. *spera*
Vid.   *Quid sperem accepto vulnere quæ so*
    refer?
Ec. *Fer.* Vid. *fero quod possum, verum mors*
    coniugis inter
    Præclaros primi sic mea corda mouet.

                             T

DE L'ECHO

E. Amouet. V. ab illo facilè abstinuisse putabis

In quo magna Deûm munera erant sita?
E. ita

V. Naturæ suadet vis. E. Vis. V. tum cætera disce

E. Dice. V. omnes dotes opto referre. E. fere

V. Si quidquam omittam. E. haud mittam.
V. excusatio talis

Sufficit, en dico principio. E. incipio.

V. Artibus excultus. E. Cultus. V. fuit atque disertus

E. Certus. V. Tum leges excoluit. E. coluit

V. Quod si fortunam spectes, fuit omne decorum.

F. Aurum. V. est quod pluris tu facies.
E. Facies

V. Pulchra quidem facies perfecta ætate virili,

Illum qui cernit numina sperat. E. erat.

V. Plura sciat fecisse illum hæc quisquis legit. E. egit.

V. *Iam dolor haud patitur dicere plura tibi.* E. *i.*

Pour l'exemple du François, ie mettray ce vers de du Bellay vn des naifs qu'il est possible de remarquer entre tous ceux de nostre cage:

Piteuse Echo, qui erres en ces bois,
Respons au son de ma piteuse voix
D'où ay-ie peu ce grand mal conceuoir
Qui m'oste ainsi de raison le deuoir?
E. de voir
Qui est l'autheur de ces maux aduenus? E. Venus.
Comment en sont tous mes sens deuenus? E. Nuds.
Qu'estois-ie auant qu'entrer en ce passage? E. sage.
Et maintenant que sens-ie en mō courage? E. rage.
Qu'est ce qu'aymer & s'en plaindre souuent? E. vent.
Que fais-ie donc lors que mon cœur

DE L'ECHO.

en fend? E. enfant.

Qui est la fin de prison si obscure? E.
cure,

Sent elle point la douleur qui me
point? E. point

O que cela me vient bien mal à point!

Me faut il donc ô debile entreprise

Lascher la proye auant que l'auoir
prise?

Si vaut il mieux auoir cœur moins
hautain

Qu'ainsi languir sous espoir incertain.

Ces deux fuyans ne sont indignes
d'estre rapportez, encores que ie les ay
pesché en la fontaine ennemie de l'o-
liue sacree.

DE L'ECHO. 147

Respons Echo, & bien que tu sois femme.
Dis verité, qui faict mordre la femme?
Qui est la chose au monde plus infame?
Qui plus engendra à l'homme de diffame? } femme.
Qui pluſtoſt l'hôme & maiſon riche affame?
Qui fripe biés, agratie corps griffe ame?

Afin que les femmes ne ſe mettent en cholere, pour faire ma paix ie leur baille ce contrepoiſon:

Respons Echo, & bien que tu sois femme
Qui plus accroiſt & decore la femme? } femme.
Qui plus horreur a de ce qu'eſt infame?

DE L'ECHO.

Qui plus crainct Dieu & ab-
horre blaspheme?
Qui mieux nourrit ce que } femme
foiblesse affame?
Malheureux donc est celuy
qui diffame.

Les rimes coronnees qu'on faisoit au temps passé, ne sont autre chose que vn Echo sans ame, & vne rime redoublee. Comme celuy-ci de Marot, hormis au second vers.

La blanche Colombelle belle
Souuuent ie voy priant criant
Mais dessoubs la cordelle d'elle
Me iecte vn œil friant riant.
Et me consommant & sommant
A douleur qui ma face efface
Dont suis le reclamant amant
Qui pour l'outrepasse trespasse.

Ceste espece aussi qu'ils ont nommé Emperiere, est vn double Echo:

En grand remord mort mord
Ceux qui perfaicts faix faicts
Ont par effort fort fort
Des clers tous frais rez rais:

 Pource que la Coronne annexee vient auſſi de là,& qu'il n'y a qu'vne ſyllabe adiouſtee à l'Echo, ie la mettray:

Les Princes ſont aux grãds cours coronnez.
Roys, Comtes, Ducs, par leur droict nom nommez
Et leurs logis en bon ordre ordonnez
Et du hautain leur renom renommez

DES VERS LEO-
NINS.

chap. XVII.

Aintenant nous viendrons aux vers Leonins qui peuuét aduenir incidemment en quelque Poësie que ce soit es vers Hexametres ou Pentametres, cóme dedans Virgile, Horace, Tibulle, Catulle, Properce, Ouide, & autres anciens. Mais qui se donnera garde curieusement, on trouuera que quand cela aduient c'est de l'adiectif ou substantif, comme le premier vers où ie suis tombé à la fortuite ouuerture de

Virgile. lib. 7.
Ecce autem Inachiis sese referebat ab Argis,

Ouid. epist. 1.
Pingit & exiguo Pergama tota mero
Traditur huic digitis charta notata meis.

Et autrement cela aduient fort rarement de sorte que plusieurs des plus arguts l'ont autrement estimé vice, & appellé Cacophonie, c'est à dire, mauuais son à nostre aureille, comme cestuy-cy du diuin Orateur & excellēt Poete Ciceron, tesmoin la version des Phœnomenes d'Arat:

O fortunatam natam me Consule Romam

Neantmoins noz anciens peres depuis trois ou quatre cens ans en çà en ont faict grand cas, & pour leur bonne grace les ont surnommez *Leonines versus*, Vers de Lyon, à cause que comme le Lyon est le Roy des quadrupes, aussi estoit ceste sorte de vers, à leur aduis entre tous les autres, & se void que tous les grands Carminificateurs de ces siecles là, ont basty leurs œuures par excellence de ceste façon, Theodolus, vi a Thobiæ, Præcepta Scholæ Salernitanæ, de sanitate tuenda, en rendront suffisante preuue & autres infinis vers, desquels i'ay colligé pour exemple ces beaux preceptes & sentences:

Ad primum morsum, si non potauero mort
   sum
Gaudia sunt nobis maxima dum bibo bis,
Ad trinum potum latus sum, dnm bilo
   totum,
  Lætificat quartus cor, caput atque latus:
In quinto potu, vasto potamus hiatu,
   Dulcis & ipse cibus dum bibo sex vicibus
Potu septeno latus sum corpore pleno,
   O nos felices octo bibendo vices.
Nona Cherubinum pingit potatio nasum,
   Si decies bibero cornua fronte gero.
Vndenáque vice tibi præbibo dulcis amice
   Et bis post decies est mihi tota quies.

DES VERS

Postea dico satis, sed cùm potauero gratis
Tantillum digitum, lætus eo cubitum.

En noz Annales nous auons ce bel Epitaphe du Pape Benoist 12. qui entra au Papat comme vn Regnard, regna comme vn Lyon, & mourut comme vn chien:

Hic situs est Nero, laicis mors, vipera clero,
Deuius à vero, Cupa repleta mero.

Celuy de Beda est au mesme liure ainsy,

Continet hæc fossa Bedæ venerabilis ossa.

Et à Spire se lict cestuy,

Filius hic, pater hic, & auus proauus iacet isthic.

Or en voicy de bons & excellens, heu esgard à la matiere:

Cum socio mingas, si non vis mingere fingas.
Lectio Florentina *aut, aut saltem*, au lieu de *si non*, ainsi que dict Contius, *secundum vulgatas editiones*.

Vn Anglois escoué, m'a donné ce suyuant, l'an 1578.

Post visum risum, post risum venit in usum,
Post isum tactum, post tactum venit in a-
ctum.
Post actum factum, post factum poenitet a-
ctum.
Tergere culumbis tu debes, quando caca-
bis,
Si desit stramen, digito tu terge foramen.
Item.
Mingere cum bombis, res est sanissima lum-
bis.
Item,
Est pulcher ludus, cum nuda ludere nudus.
Item.
Lancea carnalis dat nulla pericula mortis.
J'ay veu en vingt ou trente vieux li-
ures manuscripts, ceste belle imprecation.

Qui librum scripsit cum scutis viuere possit
Detur pro poena scriptori pulchra puella.

En vne honorable Abbaye, sur la cheminee y a ceste scauante inscription:

Post triduum mulier fastidit & hospes & imber,

Quod si plus maneat, quatriduanus eat.

Item Frere Fredon fit ce distique sur frafron Freli:

In Prati viridi monialem ludere vidi,

Cum monacho leuiter illa sub, ille super.

Sur le nom de Philippus a l'on pas trouué vne belle Ethimologie en ces vers?

Phi, nota fœtoris, lippus malus omnibus oris
Phi, malus & lippus, totus malus ergo Philippus.

Cestuy-cy n'est il pas ioly?

Cane decane cane far mole molle mole
Et si tu bene vis, vado vadare vadis

I'y pourray adiouster cestuy:

Presbyter vnus erat, qui binas natas habebat.

Et combien qu'on me puisse dire que la quantité n'y soit pas bien obseruée l'on trouuera toutes-fois que si, qui voudra prendre la peine de le tourner, comme fit vn conseiller de par le monde qui fut six semaines apres, lequel en fin trouua

Binas natas presbyter vnus habebat erat qui.

Encor a l'ō surnommé entre les Leonins quand deux vers riment à la fin comme *ex face o*,

Si secretarum seriem vis noscere rerum
Ebrius, insipiens puer dicent tibi verum.

Item.

Ne ride solus nam risus solius oris,
Prauus vel stultus reputabitur omnibus horis.

On dit encor des vers Leonins quand deux riment vnisonement au milieu & aux deux fins, comme

Rusticus est veré qui turpia de muliere
Dicit, nam veré sumus omnes de muliere.

O que si les femmes m'entendoient qu'elles me donneroyent vn double grand mercy.

Cestuy-cy est pres le grand portail

à Tours,
Martinus chlamydem pro paupere dimidia-
uit
Vt faceremus idem nobis exemplificauit.
De ceste façon de deux vers rimez à la
fin, les anciens outre les vers Leonins,
ont faict des proses rimees du tout
Gothiques estimans neantmoins que
ce fussent des vers, ainsi que tesmoigne Despautere. *In præfat. de arte versif.*
comme

    Languentibus in purgatorio
    Qui torquentur ardore nimio
    Subueniat tua compassio.

I'ay veu ces iours passez vn grand Ma
caronicque de ces proses qui m'ont
esté enuoyees de la Court, dont i'ay
colligé ces trois couplets pour exem
ple,

    Hè quid dicam de filio
    Qui reuenit de studio
    Sine magna scientia
    Tamen facit bonam minam.

Nam loquitur ferè nunquam
Prudens in apparentia.
Quando est apud filias
Est sicut vnus Alpinas,
Adhuc videtur amplius,
Antequam plus innotescat
Ego volo certe nubat
Nam citius est melius.
Cognosco vnam diu tem,
Cum qua po est facere rem
Cum suo patrocinio
Si non potest aduocari
Dignus erit consulari
In magno præsipio.

Quelques vns faisans iugement de noz poësies Françoises & Italiques, dyent que selon leurs vieux Romants, elles sont descendues de ces vers Leonins, mais au iour d'huy elles ont esté tellement faictes nostres par l'vsage, qu'elles y ont pris vne propre & naifue grace. Et combien que quelques vns ayent voulu depuis peu de temps en ça reformer nostre poesie selon les quantitez & mesmes Latines, cela est si froid que rien plus, Et suis asseuré que telles œuures ne viuront pas. Ie ne dis pas que pour plaisir, & pour domter la Romaine arrogance, nous n'en puissions faire par forme d'esbat, dont les regles toutesfois (quoy que dient noz noueaos scandurs)sont *ad libitum:iuxta illud*

Ad libitum pono nomina nescio quæ.
Comme pour exemple tu as la versiõ du vers

Cum fueris fœlix, multos numerabis amicos
Tempora si fuerint nubila solus eris

faicte par l'Official Lengrois 1570.
Tant que seras opulens, amis auras
   par chemin assez,
  Chacun s'en fuyra, quand miserable
   seras.
Iodelle a faict ce disticque,
Phœbus, amour Cypris, &c. cy dessus rapporté au chapitre des Vers rap-

portez.

Le Comte d'Alsinois a aussi faict ces suiuans.

Voy de rechef ô alme Venus, Venus alme, rechanter
   Ton los immortel par ce Poëte sacré,
Voy de rechef vn vers animé, vers digne de ton nom,
   Vers que la France reçoit, Vers que la France lira.
Et fais qu'en resonant ton los, il puisse de ses vers
   Par ta benigne faueur, vaincre la force d'amour.

Le mesme Comte sans Comté a faict ce suiuant Phaleuce.

Encor Frāce se veut trauailler en vain.
En vain Frāce se veut trauailler encor,
De chanter vn amour, de chanter vn Dieu, &c.

   Bonauenture des Periers Arnay le duchois s'en est voulu mesler en la

V ij

Des Vers

traduction de quelques vers d'Horace, comme aussi de nostre temps quelques vns, mais ie suis de l'opinion de Belleau qui disoit, qu'il en failoit faire, pour dire i'en ay faict, mais ce n'est mie grand cas. Sans donc s'amuser plus auant à ceste façon, nous ferons tousiours nos vers François rimez, car sans rhimes ils ne sçauroient estre vers. Et suis content qu'on les deriue tant qu'on voudra des Leonins, encor que i'estime que l'inuention des Leonins soit au côtraire tiree de noz vers rimez, & mesme à ceste occasion plusieurs les appellent *versus rithmicos*, & non pas *Leoninos*.

Or ces vers Leonins ou rithmiques se font encor de ceste façon, outre les precedentes, quand on rime trois fois en chasque vers, comme sur certains gauasches est faict ce disthicque.

O gauachi, vestri stomachi sunt amphora
    Bacchi,

vos estis, Deus est est u, teterrima pestis.

On surnme encor ainsi les vers moitié Latins & moitié François que i'ay coustume d'appeller vers entrelardez. Pour exemple tu auras ce vers icy, qui est au refectoir des Iacobins à Beaune.

Fratres bene veneritis
Bien las aux pieds & aux genoux
Sititis & esuritis,
C'est la maniere d'entre nous.

Seez vous icy de par Dieu
Comedentes & bibentes
Selon la pauureté du lieu
Que dederunt nobis gentes.

De noz biens qu'auons amassez
Pro Deo sumite gratis
Et si vous n'en auez assez
Mementote paupertatis.

V iij

Des Vers

Il y a vn epitaphe entrelardé & entrecousu de nostre Maistre *à Cornibus alias Coratinus*, qui fut composé par F. P. B. de ceste façon l'an 1542. & imprimé auec ses autres epitaphes à Paris ches Adam Saulnier,

Dulcia confracto sileant modulamina cornu
   Tristior & tristi prodeat ore sonus,
Alta trahant mæsta gesta suspiria mente
   Εὔκερ & occubuit morte vocante Petrus.

Faut-il helas, ô Doctor optime
Que vous perdons hisce temporibus:
Au grand besoing Doctor egregie
Vous nous laissez plenos mœroribus.
Helas helas Pater à Cornibus
Tant nous est deuil deflere funera
Tant est amer Parisiensibus
Estre priuez tua presentia.
Impia Cornutum rapiunt sic fata minorem
   Maior vt hoc vasto rarus in orbe foret.

Magnis maior erat, vita minimusque mi-
norum
   Doctior & doctis, ah peri: omne decus.

Trop cognoiſſons hæc noſtra tempora
Eſtre remplis calamitatibus:
Car nous voyons lites & iurgia
Trop s'augmenter his noſtris finibus.
Helas helas Pater à Cornibus
Secourez nous precibus ſedulis.
Ou autrement victi laboribus
Succumberons in rebus arduis.

Franciſcana graui proles orbata parente,
   Triſtior emiſſis queſtibus aſtra replet
Defle & inſigni patrem virtute probatum
   Plangit, quem ſubito funere meta tulit.

Le cas va bien, gratia ſuperis,
Vous cognoiſſez, certa ſcientia
Les grands abus huiuſce temporis
Qu'vn chacun ſuyt, magna licentia.
Ne voit on pas, cædes & vulnera

DES VERS

Tant d'autres maux in Ciuitatibus
Et qui pis est Christi ecclesia
Laboure fort, falsis dogmatibus.

En celeri mæstos vt linquit morte paludes
  Vt sua profusis fletibus ora rigent,
Sic fœlix miseros præcedit morte minores
  Hos tamen vt moneat morte citante sequi.

Tant en voyons vanis erroribus
Estre aueuglez atque cupidine
En outre plus congestis opibus
Prendre plaisir nullo discrimine,
Que ferons nous statuto tempore
Quand nous faudra de cunctis actib.
Rendre raison illo examine
Estre puniz ignis ardoribus?

Nos gemitus angunt, fletus, lamenta dolores
  Et lachrymæ, luctus, cura, querela, labor.
En procul abiectis risu, clamore, cachinno,
  Plangimus occasus optime Petre tuos.

Helas helas pater à Cornibus
Pleurer nous faut priuati magistro,
Pleurer nous faut, excussis fletibus,
Pleurer nous faut: periit religio
En tous estats, regnat ambitio,
En vous estoit nostra fiducia
Que pourriez iuuante Domino
Nous secourir in re tam dubia.
An tua tam clarum fecerunt Cornua no-
  men?
 An pietas? mores? cum probitate decus?
An sacra diuini io ius sapientia iuris
 An sudor, studium? perpetuusque labor?
Las nous voyons mortis inuidia
Qu'estes rauy é mundi medio
Ensepuely cum reuerentia
En grand honneur, spectante populo
Le corps cy gist, in arcto tumulo.
L'esprit conioinct choris cœlestibus.
Le monde estoit meo iudicio

DES VERS

Indigne auoir petrum à Cornibus.

Concaua pergratas reddebant Cornua voces
Gratus erat sanis auribus ille sonus.
Gratior ille probis, probitas generosaq; virtus
Integritas iuncta simplicitate fuit.

De vous pleurer fusis gemitibus
C'est temps perdu, nō sunt qui nesciāt
Qu'il nous faut tous, naturæ legibus
Obtemperer, ecqui refugiant?
Tant de labeurs, quos nobis præparant
Nos ennemis, iure iniuria.
Helas helas, tam nos præcipitant
Plaisirs mondains, caro, dæmonia.

Credere quis valeat quum disiunguntur amantes
    Affligi tantum? mors leuis ipsa foret.
Dulcia confracto sileant modulamina Cornu
    Tristior & tristi prodeat ore sonus.
Vous euitez mille discrimina

Par vostre mort, ingratam fratribus,
Tant de labeurs mille pericula
Que nous voyons nostris temporibus
Helas helas pater à Cornibus
Priez pour Dieu Deum & Angelos,
Que pour son sang, clauis, vulneribus
Nous face tous in fine beatos.

Ad viatorem.

Disce mori quicunque legis mea scripta
    viator
Omnes aqua manent funera disce mori.
Disce mori, frater, discat cum praesule clerus
Cum iuniore senex, cum sapiente rudis.

DES VERS
couppez.

Chap. XVIII.

Yant parlé des vers Leonins qui au milieu se riment, ie parleray des vers couppez qui se font si gentilment que ne lisant que la moitié du vers vous trouuerez de petits vers François de quatre & six syllabes qui se riment au milieu du vers, & le plus souuent contiennent le cótraire de ce qui est exprimé au vers entier. I'en ay veu plusieurs scandaleux & seditieux, de tous lesque's i'ay choisi ce suiuát pour exemple, duquel ie prie tous lecteurs

de ne se point scandalizer: car on peut veoir que c'est l'esbat de quelque timi- de Castor Amphiuie, qui voudroit bien reuirer sa robbe.

Ie ne veux plus —La messe frequenter,
Pour mon repos—C'est chose bien louable
Des Huguenots—Les preches escouter,
Suiure l'abus —C'est chose miserable
Ores ie voy —Combien est detestable,
Ceste finesse —En ce siecle mondain
Parquoy ie doy —Voyant la saincte Table
Tenir la messe —En horreur & desdain.

Vne Damoiselle nommée Charlotte noble & vertueuse & d'vn vif esprit, m'a donné la coppie du huictain qui s'ensuyt, les cesures feminines duquel ne sont pas bien faictes,

Ie n'ayme onc —Anne ton accointance
A te desplaire —Ie quiers incessamment
Ie ne veux donc —A toy prendre alliance
Ennuy te faire —Est tout mon pensement
Te donner blame—Est mon esbatement
Ie ne prie ame —A te faire seruice
Le diable entraine -Cil qui est ton amant.
Qui ta en haine —Dieu conserue & benie.

COVPEZ.

Cest autre m'a esté donné par vn ieune Aduocat qui l'auoit pris en la pou-
che de sa maistresse, où il y auoit aussi
trois poires, mais les cesures feminines qui sont au milieu du vers, comme au precedent, *hiatum faciunt* au sixiesme & dernier vers,

Qui vous dict belle	-Il ne dit verité
Il dict bien vray	-Qui laide vous appelle
Vous estes telle	-En fait de loyauté
Comme bien scay	-Estes la non pareille
Tousiours auray	-A vous hayne mortelle
A vous fiance	-N'auray iour de ma vie
Et aimeray	-Qui vostre mal reuele
Vostre accointance	-Dieu cófóde & maudie.

L'on peut adiouster aux vers coupez
les subtilitez curieusement inutiles &
monstreuses de Rabanus, desquelles
Cardan en rapporte vne en son liure
de subtilité, au tiltre des vaines & inutiles subtilitez. Mais il est impossible,
ie pense, d'en voir vn qui soit en tout
& par tout parfaict pour la quantité

DES VERS.

& bon sens. Comme le monstre bien Scaliger *aduersus Cardanum*, Quoy qu'il se iacte en auoir faict infinis curieux & semblables, mais ie ne les ay iamais veu. Si le lecteur en trouue quelqu'vn en ses œuures qui soit bien faict, comme i'estime qu'il ne sçauroit rien sortir que parfaict d'vn si grand personnage, il le pourra icy faire adiouster.

Arbor odore potens   fr ndoso vertice n...
Qua summa vere sacr   o f uit ordine ber...
Hortus dicatus & pa   r e i nullus in orbe est
Floribus & felix   m i eno semite diues
Omnes excedens alia   s   ...itudine syluas

Cum soti pie magnu   s ... h ...osq;decusq;
Ambit ver h onor l   a e tus leq uitur ea ...
Stas homo h ... bo   c n a tioni ...

De...uis horrendus,   r e m   ...re ...le menere
Arbos sola tenens   ... r i os virtute odores
Purpureo regis su   t a d tu refiscidi fulgens
Aeterno es radiis...   ... n   in te ... pie vin...
Aedes tur ...ea ho   c d u ...um es nomine be...

Si tu prens diligemment garde a ces
vers

vers tu trouueras en descendant aux trois lettres du milieu des vers:

Forma sacrata crucis venerando fulget a-
mictu.

Et aux trois lignes du milieu encla-
uées, c'est autre:

Magnus vestit honor lætus loquor hoc na-
tioni.

Cardan dict que Rabanus de telles façon des vers a basty des arbres, des oyseaux, & autres figures, mais ie n'en ay rien veu.

Frere Nicolas Perchet, de son viuāt bon & sçauant religieux de sainct Benigne de Diion fit ces vers:

Ad summum sadai siue cunctipotentem dominum, qui est acrostiche.

DES VERS

POSCO secla quam ⎫ ⎧ comprendere LÆTA
AEqua MIHI sit mês ⎪ ⎪ & sani ROGO sensu
Recta Sequi DONES ⎬ SADAI ⎨ PRÆBEN beneficia
Corpus & alta regens ⎪ ⎪ mala cuncta repellas
Mostes hinc TOLLAS ⎪ ⎪ COELI moderator
Esto MIHI fautor ⎪ ⎪ velut es SATOR atque
TRISTE fugans totū ⎭ ⎩ cor dirigo ad ALTA

Aux croix sainct André vous auez deux vers retrogrades bien faicts, qui en font quatre ingenieux, sçauoir:

Posco mihi dones Sadai cœli sator alta
Alta sator cœli sadai dones mihi posco
Læta rogo præbens sadai tollas mihi triste
Triste mihi tollas sadai præbens rogo læta.

I'ay trouué ce suyuant François en des vieilles heures, où il y a vne croix Bourguignonne à mon aduis tres-bien faicte:

COVPPEZ.

DV Luftre fupernel Princeffe reueſT Ve
Mer CIS ie te requiers pour peché qui ME tue
Dech Aſſe d'entour moy tous ces dardz MORtiferes
Briſe & MIne les tous, en oſtant mES miſeres
Car ie SCAy ſeurement que tu es TOute pleine
De douceur, DE paix & la MEr & fontaine
Où tous pauures humains puiſent l'eau fauorable
Pour lauer les maux gROS ✝ DV Monde miſerable
Or donc Royne des Cieux ✝ des pecheurs l'aſſeurance
Ie te prie qu'à ma MORt Ayez la ſouuenance
De ces miens peTIS mots enVERS ton fils & Pere
Fais tant qu'aVEcques luy ma NANS en heur pſpere
Au thro NE haut ſoions en celeSTE Lumiere
Noz eſpRITs tous contens, côme en ſcais LA maniere
EnHORte donc celuy qui tant te DECOra
D'Abolir les pechez que mon ame encourRA.

Au milieu ſe liſent ces vers entrelaſſez en croix Sainct André que les heraux & pourſuyuans d'armes appellent ſauteur ou ſauteuil.

Dulcis Amica Dei roſa vernans Stella decora
Tu memor eſto mei dum mortis venerit hora.

DES VERS

L'on peut adiouster à ces vers coupez ces vers accordans qui sont de bonne grace.

Et canis } in syluis
Et lupus }

{ venatur } & omnia { seruat
{ nutritur }   { vastat

Qui se peut ainsi rendre françois,

Le Chien } aux bois
Le loup }

{ va chasser } tout { gardant
{ se nourrit }   { perdant.

Et celuy suyuant a selon mon aduis tres-bonne grace:

Qu an   di tri mul pa
os guis rus sti cedine nit.

H san mi Chri edul   la
Quos Anguis dirus tristi mulcedine pauit
Hos sanguis mirus Christi dulcedine lauit.

DES DESCRIPTIONS
poetiques.

CHAP. XIX.

Aisant à par moy vn discours de la beauté des vers, quelques subtils & curieux que i'ay cy deuant deduit, Ie n'en trouue point qui approche d'vne description quand elle est bié faicte & à propos. Tu en as sur tout dedans Virgile vne infinité des plus belles qu'on sçauroit imaginer. Car il semble en lisant ces vers, que l'on soit en l'acte mesme, & expressement tu pourras remarquer que quand il descrit quelque action soudaine, il vse tousiours de

DES DESCRIPTIONS.

Dactyles, & de mots recherchez, du tout significatifs d'icelle actiõ, Et aussi quand il vient depaindre vne actiõ languide, il vse de spondees. Comme le coup que le vieillard Priam donna à Pyrrhus vous diriez qu'il descript vn bras d'estouppe:

—————————Telumque imbelle sine ictu
Coniecit.

Estant à Paris, i'ay pris plaisir de colliger toutes les descriptions de ce diuin Autheur & de plusieurs autres, imitant en cela Ringolbergius le Cōpagnon de Postel qui a choysi plusieurs belles similitudes poetiques, desquelles pour exemple ie conseilleray de voir seulement au premier liure ceste description de Tempeste:

ac velut agmine facto
Qua data porta ruunt, & terras turbine perflant,
Incubuere mari, totumque à sedibus imis

POETIQVES. 164

*Vná Euruſque Notuſque ruunt, creberque
   procellis
Affricus & vaſtos voluūt ad ſydera fluct⁹,
Inſequitur clamorque virum, ſtridorque
   rudentum.
Eripiunt ſubito nubes cœlumque diemque
Teucrorum ex oculis, ponto nox incubat atra
Intonuere poli & crebris micat ignibus
   æther.*

Pour le plaiſir que i'y prens ie mettray
ces autres peſchez au premier liure &
ſecond:

*Cum ſubito aſſurgens fluctu Nymboſus orio
In vada cæca tuʼit, penituſque procacibus
   auſtris
Perque vndas ſuperante ſalo, perque inuia
   ſaxa Diſpulit.*

Voy ie te prie *per amor de mi*, au ſecond la deſcription des Serpens deuo-
rateurs de Laocoon. Et ces deux vers
ſont il pas naïfs pour exprimer vn ſac
de ville?

Clareſcunt ſonitus, armorūq; ingruit horror

X iiij

DES DESCRIPTIONS

Item: Exoritur clamórque virûm clangor-
 que tubarum.

Item ceste populaire sedition.

——— *sæuitque animis ignobile vulgus.*

Iamque faces & saxa volant, furor arma
 ministrat.

Ceste ouuerture de porte est elle pas excellente?

——— *Foribus cardo stridebat ahenis,*

Voulez vous veoir vne peur?

Obstupuit, retroque pedem cum voce repressit
 Et ailleurs.

Obstupuisteterũtq̃ comæ & vox faucibꝰ hæsit.

La ruine d'vne maison,

——— *ea lapsa repente, ruinam*
Cum sonitu trahit.

Et ce feu:

Ilicet ignis edax summa ad fastigia vento
Voluitur, exuperant flammæ, furit æstus in
 auras.

In 4. Aeneidos:
Stat sonipes ac frena ferox spumantia mã-
dit.

POETIQVES. 16

Ie ne puis toutesfois m'abstenir, que i
ne mette icy la mort de ce gran
Pompee diuinement descripte par Lucain :

―――――― vt vidit comminus enses
Inuoluit vultus, a que indignatus apertum
Fortunæ præbere caput, tunc lumina pressit
Continuitque animam, ne quas effundere
   voces
Posset, & æternam fletu corrumpere famam.
         Et paulo post,
Seque probat moriens

Voy aussi au 4. liure de l'Aeneide la mort de Didon.

Va veoir le surplus si tu veux ou attens l'impression entiere d'vn liure au lieu de ce chapitre.

Noz modernes poetes François se sont heureusement aydez de ces belles descriptions, mais ce ne seroit iamais faict de les rapporter toutes icy. Ie n'en veux donc mettre que ces deux ou trois de Iacques Pelletier, mon tref-intime amy, la memoire duquel m'est fort agreable. En ses quatre saisons il descrit ainsi des batteurs de bled qu'il semble qu'on les voye en la mesme action.

 Consequemment vont le bled batre
 Auec mesure & compas
 Coup apres coup & quatre a quatre
 Sans se deuancer d'vn seul pas, &c.

En sa suyte de Poesie inseree à la fin de son docte art Poetique, il depeint ainsi le chant de l'alouette.

 Elle guindee d'vn Zephire
 Sublime en l'air vire & reuire,
 Et y declique vn ioly cry
 Qui rit, guerit, & tire lire
 Des esprits mieux que ie n'escry.

Voicy vn vers de quelque despité.

 La rude & forte guerre
 D'vn foudroyant tonnerre
 Rudement fracassa

POETIQVES. 169

Ce que l'horreur horrible
D'vn barbare terrible
Iamais ne pourpensa.

Ces deux fuyuans sont attribuez au bon *Dam potam Ennius.*
At tuba terribili sonitu tara tatara dixit.
Et cest autre amené par Ciceron en vne Epistre *Ad Terentiam,*
Africa terribili tremit horrida terra tu-
multu.
Venons aux folastres, Merlinus Coccauis in Zannitonella, parle ainsi à sa Zoanina introduisant Gariller.

Dum cano plenis sophia ganassis
Lili blirum, male stopo bisos
At prius nasum sine me mocare
Iamque comenza.
Debeo grossum facere an subtilum?
Sum refridatus faciam su ilum
Quod tuam vecchiam somniabo vaccam
Nomine Moram.
O me biblirum Zoamina blirum

Des Descriptions

Huc veni lirum mea bili lirum,
Sed quid, &c. Voyla pas gentilemét exprimer le son de la chalemie?

Cestuy-cy est ioly en François, car il æquiuoque du son à la voix:

Ceux qui voudront lire liront
Et qui voudra lire lira.

Le vray son d'vn Tābour qui bat Colin tampon à l'effroy, est ainsi bien exprimé par les voix d'vne populace qui faisoit tout estourdiement estonnee barrer les rues auec les chaines, l'ō m'a dict qu'il y en auoit vne chanson mise en musique mais ie ne l'ay pas veue:

Qu'attend on que ne les tend on
Qu'attend en que ne les tend en.

Et ce suyuant est gentil aussi.

Tu as tort, tort tu as,
Vous auez tort, tort auez
Ils ont tort, tort ils ont
Ils auront tort, tort ils auront.

On æquiuoque par là plaisammét sur

tortua tortillon tortillorum, mots bien fascheux à suporter à vne bossue.

Ie te pourrois trouuer infinis bons sonnets dans nos poetes François, esquels y a de riches descriptions, mais pour ce qu'ils sont ia imprimez ie t'ayme mieux bailler ces cinq de ma façõ comme vne viande nouuelle. Le premier est d'vn piaffeur,

Ce grand Reneguedieu, qui d'vn pas desdaigneux
　Talonne le paué, indigne comme il pense
　De seruir de soustien à la rogue cadence
　Que faict le mouuement de son corps orgueilleux.
Ce puissant Taillebras, qui d'vn regard hideux
　D'vn sourcil refrongné porte la contenance
　De contrepter vn Cesar, & qui a la vaillance
　Sino dedãs le bras, pour le moins peinte aux yeux.
Ce chapeau de trauers, ceste longue moustache
　Qui par les Cabarets, ieux de paulme s'attache
　Aux valets aux naquets de paulme & de corps.
Bien armé qu'il estoit l'autre iour print querelle
　Contre vn ieune garçon, lequel de sa femelle
　Le soufleta trois fois, & fit deuenir doux.

Ce second est d'vn petit medisant

DES DESCRIPTIONS.

Vn petit Marmouſet qu'on diroit que l'Indie
   D'entre les Pigmeans honteuſe de l'auoir
   A voulu dechaſſer pour le vous faire veoir
Et ſeruir de badin en quelque Comedie.
Vn ſot outrecuidé qui du tout s'eſtudie
   D'vn langage pipeur ſes amys deceuoir
   Et que n'ayant en luy ny grace ny ſçauoir
Auec vn ſot parler vn chaſcun attedie.
Vn fat, vn glorieux, vn Manequin, vn draule
   Qui faict autant de pas du pied que de l'eſpaule
   Vn villain qui cent fois a dementi ſa foy.
Pelletier c'eſt celuy qui plein de toute tache
   Touſiours impudemment encontre moy s'attache
   Et faict rire de luy penſant rire de moy.

Ce ſuyuant eſt d'vn gros lourdaut qui appelloit ſa femme ma Caſſandre, & ſe faiſoit appeller mon Ronſard: encor que ce fuſt vn vray pedant pour tout potage, ſelon que ma aſſeuré le diſcoureur des heures.

Ronſard ie ſuis marry qu'vn gros villain pedant
   S'appelle comme toy, ſurnomme vne badine
   Tout ainſi que tu fais ta maiſtreſſe diuine
Et veut par ce moyen faire le ſuffiſant.
Car ſi tu le voyois, c'eſt vn vray bouc puant

POETIQVES. 168

Renfroigné, noir, hideux, & qui porte la mine
D'vn grossier foiteeul de Grammaire Latine.
Qu'on iugeroit iniuux seulement le voyant.
Ceste badine aussi, qu'il nomme sa Cassandre
C'est vn large fessier, c'est vne cuisse cendre
Layde, d'vn sot maintien, digne d'vn tel mary.
Elle dit toutes-fois que chacun la carresse
Et ce pedant la croid, qui creue de detresse
N'a il pas bien raison d'en faire le marry?

Ce fuyuant m'a esté donné par vn vergalant de Valence, qui l'auoit faict sur vne sienne tante, parce qu'elle se vouloit remarier à vn Capitaine naguères hostellier, auquel elle auoit ia faict vne donnation de entrelaiss ambion au desauantage de ses heritiers abintestat.

Vne vieille guenon desia demie
 pourrie
Qui n'a plus que trois dents, au reste
 les deux yeux
Comme vne ruche à miel cirez &

DES DESCRIPTIONS

chaſſieux.

Qui touſiours de ſon nez diſtille vne rouppie.

Vn viſage ridé la face cramoiſie.

Vn frõt demi pelé, la teſte ſãs cheueux.

Elle ſe marche encor & d'vn port orgueilleux,

Oſe bien ſottement faire encor la iolye

Mais las qui n'en riroit? il y a bien plus fort,

Depuis vn peu de temps que ſon mary eſt mort.

Elle a hauſſé d'eſtat pour ſe monſtrer plus belle.

Pour le regard de qui? d'vn gros villain porcher

Tellement que l'on dit, quand on la void marcher,

Villaine deſſous drap, par deſſus Damoiſelle.

Ceſt

Cest autre est sur vn petit Pimpreneau:

Mais d'où vient cest orgueil? on ne void par la ville

Vn plus rogue villain, qui contreface mieux

Depuis vn peu de temps le braue & glorieux

Que ce petit camard mary de la camile

Il vit superbement encor mieux il s'habille.

Bonne trouppe de gens dont il se tient heureux

Va chez luy pour iouer toutes sortes de ieux

Et nagueres pourtant n'auoit ny croix ny pille.

Ha i'entens bien le per, ces ieux sont les rapeaux

Par lesquels il attire à son moulin les

DES DESCRIPTIONS

eaux

De plusieurs gens ausquels sa femme il abandonne

Ayant donc tel moyen n'a il pas bien raison

De marcher comme un Roy, qui porte en sa maison

Cent cornes sur le chef luy seruans de coronne?

La suyuante description est d'vn gros Ramina grobis, qui auoit promis à sa partie de le faire absoudre: car il deuoit tant cracher de loix, qu'il feroit perdre haleine à son aduersaire, mais il aduint du contraire: Car il plaida si confusement que rien plus. de quoy sa partie qui estoit vn ieune escholier prisonnier feist ce huictain

Ce Roteloix ce crache Paragraphe
Vesse verset, authentique soufflant
Petecanon Decretalimouchant

POETIQVES. 170

Extrauagant d'vn droict que tout a-
graphe
N'a peu si bien auec sa grande piaffe
Rotter, cracher, vesser, souffler, peter,
Extrauaguer Decretalimoucher,
Que par sa voix on m'ait donné le taff.

T. littera apud Græcos, nota est ab-
solutionis.

Nos poetes François, nommeement
du Maigny se sont pleu aux diminu-
tifs d'vne fort bonne grace. Car ils fôt
de petitelettes descriptionnettes qui
sont fort agrabletetettes auxoreillet-
tes delicatelettes, principalettemét des
mignardelettes damoiseteclettes,

Ma nymphe follastrelette
Ma follastre nymphelette

Ie mettray cest exemple en c or non
veu du ieu des ventes:

Ie vous vens vne Goutette
Vne goute clairelette

Y ij

DES DESCRIPT. POETIQUES.

Vne claire goutelette,
Qui vient d'vne fontenette
Mignarde fontenelette
Fontaine mignardelette
Pour estancher cest ardeur
Qui brusle aux amans le cœur.

DES AVTRES
SORTES DE VERS
follastrement & inge-
nieusement pra-
ctiquez.

CHAP. XX.

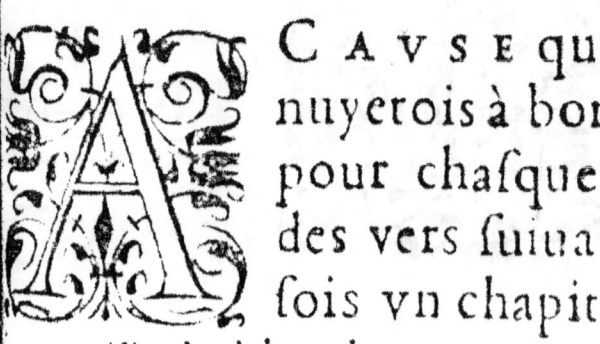CAVSE que tu t'en-
nuyerois à bon droict si
pour chasque exemple
des vers suiuans ie fai-
sois vn chapitre à part,
iuxta illud, libro longior est titulus, i'ay
amassé tout ce qui m'a semblé de plus
digne. Voicy vn vers qui m'est eschap-
pé inaduertement auquel toutes les
lettres de l'Alphabet sont contenues

Y iij

Qui flamboyant guidoit Zephire sur ces eaux.

Vn Allemand m'aduertit en Auignon qu'il en auoit veu vn semblable Latin.

Duc Zephire exurgens curuum cum flatibus æquor.

Et cest autre de Scaliger,

Vix Phlegetum Zephyri, quæres modo flabra Micyllo.

Il est aisé d'en faire de semblables mais ie les ay raporté icy par curiosité, comme ces vers hexamettres Grecs & Latins, esquels sont toutes les parties d'oraison.

Πρὸς ᾗ μετὸν δύσηνον ἔτι φρονέοντ' ἐλέαιρο,

Ad me continuo, licet ah fera verte precantem.

Pindare a composé *carmen ἄσιγμον* ce que l'on dict aussi que le Poete Hermoneus a faict, c'est à dire des vers si curieux qu'il n'y a pas vne s. Tout ainsi que qui diroit qu'il y a vn verset aux 7. Pseaumes, ou il n'y a point de a, sçauoir, *Nolite fieri sicut equus & mulus quibus non est intellectus.*

Or comme il s'est treuué de ces misosigmes, Misoalphes & Misolambdes, &c. Aussi s'en sont ils treuuez qui ont abhorré des sillabes, comme celles là de con pour ce qu'ils estoiét comme ie croy, Misogames, Comme cestuy-cy d'vn qui auoit passé les picques.

Dieu garde la paignie
Ie n'ose dire Con
Car tant que i'auray vie
Ie n'aimeray le Con,
 I' hay Conte & Contesse
Et Viconte par Con,
Ie hay qu'on se confesse
Pource qu'on y dict Con
I'hay tous oyseaux de proye
Pour l'amour du Faulcon,
Et toutes les citez

    Y iiij

AVTRES SORTES

Pour l'amour de Mascon, &c.

Il y a vne legende contenant bien enuiron 300. vers de mesme façon, mais ie me fasche de tant parler de Cons.

Voicy vne estreine qu'estant ieune escholier ie donnay à vn mien amy demeurant au College de Bourgongne 1564. auquel tu trouueras que le nombre des lettres, est exactement cõpté & supputé :

Xeniolum simplex tibi do, do Xenia bina
   Disthica si numeres, aut Epigrāma leue.
Quod si literulas, centum septémque vigin.i
   Sine voluntatem tradimus innumera.

Martial en ses Epigrammes, nous denote vne gentile inuention des anciens, qui beuuoient autant de verres de vin, qu'il y auoit de lettres au nom de leurs amyes.

Næuia sex cyathis, septem iustina bibatur,
   Quinque lycas, lide quatuor, Ida tribus
Omnis ab infuso numeretur amica salerno

Et quia nulla venit, tu mihi somne veni.

Calderin en son Commentaire ne touche ny pres ny loing la vraye interpretation, quand il vient au mot de Somne, car il dict que c'est la coustume des Poëtes d'inuoquer le sommeil cóme ont fait Ouide & Papinie. Mais en cela il me semble qu'il parle fort froidement: Car quelle apparence y auroit il de demander dormir entre des Beuueurs? I'estime donc que le Poëte veuille dire, que pource qu'il n'a point d'amie, il veult boire cinq fois, autant de coups, qu'il y a de lettres au mot Somne, qui est vn boire mediocre, & si quelqu'vn le veut forcer de passer outre, il declare qu'il aime mieux dormir que boire d'auantage. Mais on m'a dict qu'il y a des Lieutenãs sur la riuiere de Marne, qui dient qu'auant que dormir, ils voudroient bien Somne au nominatif; *quia somnus*, sçauoir six bonnes fois.

AVTRES SORTES

Il se void encor au Theatre du monde composé par cest elegant Boistuau dict de Launay vn vers francois contenant la complaincte des laboureurs. En fin de chacun couplet duquel y a adiousté vn mot ou deux, du *Da pacẽ*, I'en ay veu d'autres sur le Pater & l'Aue Maria, mais pource que les vns, & les autres sont imprimez, ie te feray seulement part de cest autre *Da pacem*, qui est vne tacite responce à la susdite complaincte faicte y a quelque temps par le sieur Tabourot Official de Lengres.

Il l'intitule ainsi,

La preud'hommie des laboureurs.

AVtresfois on nommoit laboureurs bonnes gens
   Maintenant ils sont fiers felons & refractaires
A plaider, refuser, pariurer diligens
   Quãd le Seigneur leur dit pour ses droits necessaires:
                    D A

Puis apres quand ils ont à tort & sans raison
Faict despendre au Seigneur cent escus à plaider
En luy portant six œufs ou vn meschant oison
Faisans les marmiteux ils viennent demander
PACEM.
Si le Curé demande vn double à la Touffainéls
En se mocquant de luy par argument subtil
Sur l'Edict d'Orleans feront nouueaux desseins
Et luy diront tout haut, comment vous en faut-il
DOMINE?

Si le pauure Seigneur pour payer la rançon
Veut s'ayder de son bois on luy empeschera
Criant nous y auons nostre vsage & paisson
Qu'il se recouure ailleurs point il n'y touchera
IN DIEBVS NOSTRIS

Ils n'ont que trop d'argent pour Iuge & Procureur
Pour boire & pour iouer. Mais si vn marchãd croid
Du drap ou de l'argent à ces bons laboureurs
Ils n'ont qu'vn plad de bois le marchant perd non
droit
QVI A NON EST.
Accusez hardiment le larron de vos fruits
Pour en faire rapport le messier soit tout prest
Vous perdrez vostre cause, ils sont si bien instruits
A estre faux tesmoings on treuuera que c'est
ALIVS

AVTRES SORTES.

Ils sont pauure vn Seigneur luy refusant ses droicts
Luy desrobant son bien, sont ils donc esbays
Quant ils ont l'ennemy sur eux de tous endroicts
Sans armes ny cheuaux s'il n'y a au pays

QVI PVGNET?

S'ils cueillent du bon grain en noz terres qu'ils tien-
    nent
Ils en font de l'argent, ou c'est pour leur amas
Si le bœuf ou la mouche, ou le cailloc y viennent
Quand le sergent ira ce sera tout le cas

PRO NOBIS.

Tels larrons & voleurs la guerre mort & poinct
Les voleurs sont sur eux par ta permission
O Seigneur & voyons qu'il n'y a autre poinct
Qui recherche de pres ceste punition,

NISI TV.

Remets ces laboureurs ô tressaincte lumiere
En la simplicité d'estat obeissant
Faicts reformer leurs cœurs en leur bonté premiere
Et ensuiure tes loix, car tu es tout puissant

DEVS.

Ils verront tout soudain ta fureur refrenee
Aussi tost qu'ils viendront à viure iustement.
Et embrassant le fruict que ta loy desiree
Produict, le fruict de paix sera consequemment

NOSTER.

Le mesme sieur Toruobat m'a monstré des vers monosyllabiques qui depuis ont esté imprimez à la fin du dictionnaire des rhimes, qu'on a exposé en lumiere, imparfaict à mon grád regret, mais i'espere le faire veoir entier auant qu'il soit gueres.

Monosyllabes.

Mon cœur mon heur tout mon grand bien
A qui ie suis rien plus que mien,
Pres quoy ie ne voy soubz les cieux
Rien plus beau ny cher à mes yeux,
Mon cœur qui seul fais que ie suis:
Qui fais qu'en tu grand heur ie vis,
Mon cœur que Dieu pour mon bien fit
Mais de qui le nom ne se dict
Fors que tu es mon cœur mon heur
Et ie suis le soing de ce cœur.
Le cœur au soing se tient si fort
Qu'il n'en est mis hors que par la mort.
Et moy si bien ie suis à toy
Que ne peux veoir la mort sans moy.
Sans moy ton cœur rien ie ne peux
Sans moy ton soing rien tu ne veux

Autres sortes

A toy mon cœur ie suis ton soing
Si bien faict vn & tant bien ioinct
Que pas il n'est en ces grands dieux
Que de cet vn en soit fait deux
Et bien que par mort qui pert tout
Soient nos beaux iours mis à leur bout
Pource sa fin veoir ne peut point
Cet vn qui de long temps nous ioint
Car tant que voyant le iour tes yeux
Ie ne meurs point car ie ne peux
Et si tu meurs tu n'es sans moy
Qui ne suis vif fors que par toy
Ce qu'est en moy est tout du tien
Si ce n'est toy ie ne suis rien
Vien donc mon cœur, cœur que ie tiens
Plus cher que non pas tous les biens
Que tous les biens qui sont cy bas
Dont pres de toy ie ne fay cas
Vien donc vers moy & vers moy prens
Le fruict le miel de noz beaux ans
Puis que le temps nous rit si bien
Ne le perds point, mais prens le bien
Qui nous est nay, ne t'en suis, mais
En ce grand lieu tiens nous, & fais,
Qu'vn si beau per onc sous les cieux
Ne se fit veoir que de nous deux.

Les Latins n'on point fait de ces sortes de vers, mais en recompense ils en ont fait tous finissans par Monosyllabes qui ont bonne grace, tu en as, dedans ce gentil Poete Bourdeloisen sa Technopagnie Monosyllabique, comme *de membris, Dijs, cibis, historys*, auec ses interrogations & autres, de tous lesquels i'ay seullement choisy cet exemple:

Indicat in pueris septennia prima nouus dens
Pubentes annos robustior anticipat vox
Inuicta & ventis & solibus est hominum frons
Et durum nerui cum viscere consociantes
Palpitat irrequies vegetum teres atque calens cor.

Et ce qui s'ensuyt que tu pourras amplement veoir dans l'autheur.

En cest hymne de Sainct Iean au premier couplet, toutes les nottes de musicque sont comprises tant au cōmencement des vers que hemistiche

VT queant laxis   *RE sonare fibris*

AVTRES SORTES

MIra gestorum   F Amalituorum,
SOLue polluti   L Abijs reatum, &c.

Les Anciens ont appellé Anadiplosis, quand la fin d'vn vers se repete au commencement de l'autre, les François les ont surnommez Rhimes enchainees: comme,

Pour vray dire au temps qui court
Court est vn perilleux passage:
Passage n'est qui vit en cour,
Court est son bien & d'auantage:
Auant aage y fault le courage,
Rage est sa paix pleurs ses soulas,
Las! c'est vn trespiteux mesnage,
Nage autre part pour tes esbats.

Pour l'exemple des Latins tu en as dis Ausone de fort belles & heureuses façons, comme entre ses Monosyllabes:

Res hominum fragilis alit & regit & primis spes.
Fors dubia æternúmque labans quam blanda foues spes.
Spes nullo finita æuo cui terminus est mors,

Mors auida inferna mergit caligine quam nox
Nox obitura vicem remeauerit aurea cum lux
Lux dono concessa Deum, cui præuius est Sol,
Sol cui nec furto Veneris latet armipotens Mars
Mars nullo de patre satus quem Tressa colit gens.
Gens infræna virum quibus in scelus omne ruit fas
Fas hominem mactare sacris ferus iste loci mos.
Mos ferus audacis populi quem nulla tenet lex
Lex, naturali quam condidit imperio ius
Ius genitum pietate hominum, ius certa Dei mens.
Mens quæ celesti sensu rigat emeritum cor
Cor vegetum, mundi instar habens animæ vigor ac vis
Vis tamen hæc nulla est, verù est iocus & nihili res.

Ie n'ay point veu de vers François monosyllabes à la fin, si ce n'est qu'on en pourroit faire infinis & fort aisément, veu qu'au cinquiesme liure attribué à l'inimitable Rabelais, il y a bien des proses de frere Fredon qui ne respondoit que par monosyllabes, De ces responces i'ay mis en vers ce peu qui s'ensuit pour exemple.

Z

AVTRES SORTES

Frere voudriez vous bien
Sans vous forcer de rien,
Ny estre destourné
De vostre long diné
Respondre à mes propos?
Ouy. Quel est l'Abbé?gros.
Et où demeure il?loing.
Le vistes veus onc?Point.
Où est le Prieur?prez.
Quels sont ces moines?rez.
Estudiez vous?Rien.
Comme vous portez?bien.
Qu'auez vous?faim.
Et que mengez vous?pain.
Quel est vostre pain?bis.
Quels sont vos habits?gris.
Qu'aymes vous l'hyuer?feu.
Quand priez vous Dieu?peu,
Qu'auez souuent?Bœuf.
Et les vendredys?œuf.

Combien en auez? dix.
Qu'auez vous encor? riz.
Et quoy rien encor? poix.
Et en Caresme? noix.
Comme mangez vous? cois.
Combien estes vous? trois.
Combien de garses? cinq.
Combien en faudroit? vingt.
Quels sont vos vallets? sots.
Qu'aymez vous le mieux? pots.
Que faut il dedans? vin.
Et laissez vous rien? brin.
Quels les voulez vous? clairs
Qu'aymez vous auec? chairs,
Du veau ou mouton? bon.
Que faictes vous peu? don.
Quels sont voz habits? ords.
De quel drap sont ils? forts.
Maintenant ie suis las
De ces interrogats

AVTRES SORTES

Vous auez respondu
Si bien & sagement
Que n'auez pas perdu
Vn petit coup de dent.

Il y a d'autres vers que l'on nomme couronnez, en voicy vn de Clement marot:

Dieu des amans d'amour me garde,
Me gardant donne moy bon heur,
En me bien heurant prens ta darde
En la prenant naure son cœur,
En le naurant me tiendra seur,
En seureté suiuray l'accointance,
En l'accointant ton seruiteur
En seruant aura iouissance.

Il y a d'autres vers qu'on appelle croissans, desquels le premier mot est monosyllabe, le second dissyllabe, & ainsi consequemment, comme cestuy d'Homere:

ὦ μάκαρ ἀτρείδη μοιρηγένες ὀλβιόδαιμον.

Ex quibus insignis pulcherrima Deiopeia.

& ces autres suiuans vulgaires entre les Allemans.

Ce vers Latin de Virgille est ainsi faict :

Si cupis ornari virtutibus Heliodore.

Et ce suiuant.

Duc turmas proprius coniunxerat auxiliares.

Ausone de ceste façon, ou autre incertain autheur a composé ces vers suiuans que Scaliger appelle *Raponticos*,

Spes Deus æternæ stationis conciliator
Si castis precibus veniales inuigilamus
His pater oratis placabilis adstipulare.

Et ces petits François,

La grandeur Latine
Se perdit soy-mesme,
Et France ruine
Son bon-heur extreme.

En voicy d'autres qui sont decroissans c'est à dire, qui d'vn quadrisyllabe & trisyllabe reuiennent à vn monosyl-

Z iij

labe, comme en Latin :

Vectigalibus armamenta regere iubet
Rex.

Et en François.

Mignonne plusieurs fois
Tres heureux l'autre mois, &c.

Car il est trivial, & y en a cinquante semblables imprimez en mes ieunesses ioyeuses. Mais ce suiuant verset decroissant est admirable, combien qu'il soit vulgaire.

Sçauoir, auoir, voir, ouïr.

On s'est aussi pleu de faire des vers de deux mots pour en auoir de mots non composez, ie n'en ay iamais veu que ce suiuant Hexametre & Pantametre.

Perturbabantur Constantinopolitani
Innumerabilibus sollicitudinibus.

Iosephe Scaliger tres-docte personnage de nostre siecle a ainsi traduit de mots composez ce vers Grec par luy rapporté en ses corrections sur Varró.

DE VERS.

Ὀρφανανας ποιδαι εἰνεγκαταπηξογένειοι,
Σακκογενειοβόροι κỳ λοκαδαρπαγίδαι
Ἱματανωδεβάλλοι, νηλιποκỳ λεπέλαοι
Νυκτιλαθραιοράγοι, νυκταπλάνοι
Μειρακεξαπάται κỳ συλλαβοπευσιλαβηταν
Δοξιματαιοσίφοι, ζηταρετησιάδαι.

Id est:

Sileni caperonæ vibriſſa ſpero menti
  Mentis barbicolæ extenebra patinæ
Obſuffarcinamicti planilucernituentes
  Noctilutentiuori nocti dolo ſtudij
Publipremoplagÿ ſutelocaptiotricæ
  Rumigerancupidæ mugiconcirebæ.

A ſon imitation i'ay compoſé ce diſtique en faueur d'vn Imprimeur & Libraire en Bourgongue nommé des Planches gaillard & Iouial:

Multilibelliuoro Deſplanctypobibliopolæ
  Præſentargento vendiſatisfaciet.

Laiſſant ces vers affectement compoſez ie viendray aux excorilinguinatiniſez, comme en l'epiſtre miſe à la fin du V. de Pantagruel, Mais tu orras

Z iiij

Autres sortes.

ce suiuant Epitaphe de ma façon pour exemple, d'vn locumtenant Rouargois, qui se delectoit mesme en iugement de parler de ceste façon.

Dessoubs ce tumule est iacent
Vn impigre locumtenant,
Il n'auoit Caballe ny mule
Il spermatizoit la vetule,
Il estoit braue & pharetré,
Et quant il estoit cathedré,
Il rendoit le droit iuste & vere
Et au diuite & au paupere,
Il auoit le sermone insulse
Et diligoit la bonne mulse.
Or apres auoir vicié,
Il a aussi trepudié,
Pris d'vn immaturé trespas
Auec les inferes là bas.
Toy viateur qui cy transige,
Puis qu'il n'a linqué de son tige,
Progenie telle qu'il estoit
Prie le Domine qui tout voit
Que sa fatue ame il refonde,

Et qu'il reuerte encor au monde
Afin qu'il ayt propice otie
De nous docer la stultitie,
De laquelle il superoit tous
Les magnes & parues sous,
  Vale & ore.

Il y a long temps que i'ay veu ces vieux vers d'vn grammarien qui faisoit l'amour grammaticalement à vne grammarienne qui luy respond de mesme, qui ne seront icy rapportez mal à propos.

L'Amant.

Dame de beauté positiue
Sans degré de comparaif,
Monstrez qu'estes superlatiue
Par doux semblant indicatif,
Ie vous requiers que sois actif,
Et que vueillez estre passiue,
Prestez moy vostre conionctif
Pour auoir force genitiue.

AVTRES SORTES

Dame de forme perfectiue
Par vn plaisir inchoatif,
Soyez de volonté datiue
A moy voſtre amant optatif,
Qui par vn souspir vocatif
Demande la copulatiue,
Et conionctif sans exitif
Pour auoir force genitiue.

Belle figure relatiue
D'antecedant nominatif
Vous estes assez substantiue
Pou receuoir vn adiectif
Lequel soit determinatif
De voſtre eSpece primitiue,
Ie me rendray deriuatif
Pour auoir force genitiue.

Belle si desir affectif
Auez d'estre suppositiue
Ie seray voſtre oppositif
Pour auoir force genitiue.

Responce de la Dame.

La façon desideratiue
D'vn doux parler affirmatif,
Me faict estre meditatiue
De proposer vn negatif,
Car ie doute l'accusatif
Qui est de force transitiue,
Ie me tiens donc au primitif
Sans point estre deriuatiue.

Car si i'estois frequentatiue
Ie perdrois mon nominatif,
Et prendrois en l'appellatiue
Qualité de nom putatif,
Parquoy ie ne veux l'indicatif,
Pour demeurer meditatiue,
Ie me tiens donc au primitif,
Sans point estre deriuatiue.

La conionction expletiue
Vient apres le copulatif,
Et suiuant sa preparatiue

Avtres sortes

Faict vser du distributif,
Quand il y a nom collectif
Force s'ensuit diminutiue,
Ie me tiens donc au primitif
Sans point estre deriuatiue.

De ce fol amour turbatif,
Ne suis nullement optatiue,
Pource me tiens au primitif
Sans point estre deriuatiue.

Passant outre, nous viendrons aux Centons qui sont vers pesle mesle amassez auec curiosité d'vn certain excellent Poëte comme de Virgile principalement. Qui sont entassez, de sorte que combien qu'ils soient colligez de cent vn, si viennent ils à propos. Ausone, la curiosité duquel (quoy que dyent plusieurs) est laborieuse & admirable, a faict ainsi vn Centon nuptial qui commence:
Accipite hæc animis, latásque aduertite

mentes.

Ambo animis, ambo insignes præstantibus armis. Æn. 5.

Ambo florentes genus insuperabile bello. Buc. 7. Æn. 4.

Túque prior, nam te maioribus ire per altum. Æn. 6.

Auspiciis manifesta fides. &c. Æn. 2.

Proba Falconia excellente Poetrice Chrestienne a basti de ceste façon des seuls vers de Vergile, vn Opuscule qui comprend le vieil & nouueau Testament que ie desirerois estre de nouueau imprimé pour sa beauté, n'en ayant point veu sinon de l'impression d'vn vieil penard de Paris qui n'a iamais rien imprimé qui ne soit incorrect, s'il estoit en vie ie luy ferois faire son proces : Le vers de ceste saincte femme commence:

Iamdudum temerasse duces, &c.

De nostre temps Capilupus Mactuanus a cōposé de ceste sorte la vie

Avtres sortes

monachale & son Gallus aussi heureusement qu'il se pourroit dire, & pense que pour ce regard il soit inimitable. Les sorts Vergillianes dont faict mention Lampridius & Rabelais sont aussi tirez au hazard du mesme autheur. Mais pource qu'au chapitre des diuinations libr. 2. i'en parleray amplement, ie diray encor des Pasquils, qu'ils sont souuent tirez des vers dudit Virgille, & auiourd'huy les plus frequents se tirent de la saincte escriture, tantost comme de la passion, des sept Pseaumes & autres, desquels aussi tu auras au second liure vn chapitre à part. Car les beaux exemples que i'ay le meritent bien.

Pour conclusion, ie finiray ces exemples de vers sur la gentille inuention de Theocrite Poëte Grec, qui a faict & fabriqué des vers si ingenieusement, que par la figure ils representent vn Arc, vneælle, & autres figures comme aussi il me souuiét d'auoir leu l'œuf, d'vn poete Grec estant ieune escholier à Paris 1564. i'ay faict la Coupe Poetique, la marmite & autres. Mais pour ceste heure tu te contenteras du tombeau du feu sieur Aduocat Tabourot Dijonnois eloquent & sçauant personnage, que son fils mien compagnon aux vniuersitez, bastit ainsi apres mon recueil des serieux, l'annee qu'il publia la version Latine du Fourmy de Ronsard & du papillon de Belleau.

185

DES NOTES.
CHAP. XXI.

E viendray maintenant aux Notes, apres auoir dechiffré nos ingenieux Vers, puisque en ce dernier Epitaphe … des notes antiques tr… … afin que ch… … que N… … de … que par vne denominati… … te signifie vne marque, … ement on l'a vsurpé pour … ptures abbreiees. … quand ℞ signifie rum, ff. Digestis. C. codice. Ou bien pour ces marques qu'on appelle chiffres, comme quand on vsurpe vn b pour

A a

vn a, vn, v pour vn b. vn t. pour vn o.
& ainsi consequemment, que autre ne
peut entendre sinon ceux là seulement
à qui on a descouuert cest alphabet
renuersé. Ceste grande Polygraphie
de *Ioannes Tritemius* n'est à dire verité
autre chose. Nous lisons en Suetone
cap. 56. que Cæsar escriuoit ainsi quelquesfois, car il dict, L'on voit encor
auiourd'huy de ses Epistres à Ciceron
& à ses amis touchant ses affaires particulieres escriptes par notes, Assauoir les lettres estans rangees de telle
façon qu'on ne pouuoit colliger d'ordre vn seul mot. Car il changeoit comme vous diriez vn D. en vn A, & ainsi
des autres. Ce que confirme d'ailleurs
A. Gellius en ses nuicts Attiques. Ceste façon à mon aduis est celle qui est
encor auiourd'huy practiquee entre
plusieurs qui prennent pour chiffre
communement telle note que bon
leur semble, Mais principalement ce-

la se collige sur quelques vers de Virgile ou verset des Pseaumes, à fin que l'on s'en puisse aisément resouuenir, & lon que les lettres vont d'ordre, on les nomme selon l'ordre de l'Alphabet. Que si d'auenture il s'en treuue quelque vne repetee on la distingue auec vn crochet, deux petits poins ou autres marques à plaisir, comme.

Hanc tua Penelope lento tibi mittit Vlysses.
a.b.c.d.e.f.g.h.i.k.l.m.n.o.p.q.r.s.t.u.x.y.z.

H, ainsi que tu vois tient la place de A, de b, an, de c, & ainsi consequemment des autres y adioustât la varieté que tu vois en vne semblable D'autres ont tant de vers de suyte, qu'à la fin ils treuuent leurs lettres sans adionction. D'autres encor mettent deux lettres pour vne, mais tout cela ce fait à discretion, tantost des lettres Grecques, Caldaiques, Gothiques, Notes d'Arithmetiques ou autres lettres inuétees

DES

à plaisir, Ou bien les syllabes auec vne ligne dessoubs comme.

ba,	⎫	Dieu,
be,	⎪	Vertu,
bi,	⎬ signifient vn mot entier comme	Amour,
bo,	⎪	Maison,
bu,	⎪	Pere,
ca,	⎪	Faueur,
ce &c.	⎭	Support.

Voires quelquesfois vne periode entiere selon l'intelligence ... on peut auoir, mais sur tout il faut prendre garde pour bien dissimuler vn chiffre, de doubler les cinq voyelles & faire deux notes pour chacune: Parce que autrement il n'est fort malaisé de choisir les voyelles comme plus frequentes, mesmement en nostre langue, & puis les ayant treuuees vous venez facilement à descouurir le reste. Comme il m'aduint vn iour par ce moyen de descouurir vn chiffre à vne ieune Damoiselle vesue qui me mit la lettre d'vn sien fauorit en main, escripte d'vn chiffre particulier d'entre eux deux. Encor il y en a d'autres qui escriuent tout par trois, quatre ou cinq lettres, car ils s'imaginent que l'alphabet soit diuisé en trois, quatre ou cinq classes & repetent leurs lettres, puis sçauent selon qu'elles sont repetees, combien elles vallent, pour exemple tu auras cest Alphabet ainsi diuisé.

1.E.2.3 .5.6.7.T.2.3.4.5.6 7.D.2.3.4.
a.b.c.d.e.f.g.h.i.l.m.n.o.p.q.r.s.t.
5.6.7.8.
v.x.y.z.

Ie prendray pour mes trois lettres
Aa iij

principales E. T. D. puis si i'escris, E, vne fois il vaudra A, si ie l'escris deux fois il vaudra B, si ie l'escris trois fois, il vaudra C, & ainsi consequemment, iusques à sept fois qui vaudra G. cela faict E, cessant, si ie mets T vne fois il vaudra H, si deux fois il vaudra I, & ainsi consequemment iusques à P. voyla comme par trois lettres, on peut escrire toute chose, & n'est pas l'inuention mauuaise. Tu le peux par quatre, cinq, ou six lettres diuiser en plus de classes, ie te voys seulement dōner vn exemple suyuant le precedent Alphabet,

E ddddddd tttt eeeee eeee tt eeeee ddddd.

C'est à dire Ayme Dieu.

Car vne e, fait a. sept d, vn y. quatre t, vne m. cinq e, vn e, & ainsi consequemment.

Tu pourras encor faire plus subtilement sur vn Alphabet à plaisir, comme

D,u,c,z e,p,h,i,r,x,g,n,s,k,m,f,l,a,t,
A,b,c,d,e, f g,h,i, k,l, m,n, o,p q,r,s,t,

b,q,o,y.
u,x,y,z.
Puis on diuise cest alphabet par trois classes ou quatre ou cinq à la forme du precedent.

Il y a encores vne autre façon de chiffres pratiquee par des brodeurs, comme quand on enlace ensemble les premieres lettres des noms & surnós de quelques vns, que ie trouue auoir bonne grace, mais les vns plus que les autres. Plusieurs sont d'aduis que pour le bien faire il ne faut que deux lettres seulement, sçauoir les deux premieres lettres capitales des deux noms propres de l'homme & de la femme, comme estoit celuy du Roy Henry, & de Catherine de Medecis : qui se void auiourd'huy encor ensculpé en infinis bastimens, ainsi ⌘, de quelque en-

A a iiij

droit que la puissiez tourner, il y a tousiours vn C. & vne H. i'en ay veu autres infinis de ceste façon comme deux C. ⊃C deux ℳ & autres semblables. Quelques autres en font de lettres Grecques, comme i'en ay veu vn composé par vn braue amoureux d'vn Φ, & d'vn double ℳ. Les autres les veulent de quarre lettres afin d'y comprendre les noms & les surnoms des Amans.

I'en ay veu d'autres si curieux que toutes les lettres generalement des noms & des surnoms y sont comprises, mais cela me semble trop encharboté & confus pour les reduire à leur quarré: Car il faut pour vne regle generale retenir que pour faire vn beau chiffre, il ne faut pas qu'il excede la grandeur d'vne lettre quarrée. I'appelle vne lettre quarrée, celle qui a vn quarré parfaict comme, M. H. V. A. X. O. Q.

NOTES. 189

Dauantage il ne faut pas qu'il ayt vne combination s'il est possible, c'est à dire que trois lignes ne se rencontrét point l'vne sur l'autre, Car cela estant ainsi on ne peut entrelasser par bastós rompus les lettres, de sorte qu'elles perdent leur grace comme au chiffre fait d'vne NTH. Tu voids qu'au milieu la iambe du T, le trauers de H, & le milieu de la Iambe de N, se ioignent & se combinent: Pour donc le rendre beau, il faudroit hausser le traict de H.

Faut encor noter pour vn'autre regle que iamais vne lettre ne doit estre plus longue ny plus courte l'vne que l'autre.

I'ay veu aussi practiquer des chiffres en forme de lettres Moresques pour seruir de pendans de fort bonne grace, & croid que si l'inuention estoit cogneue qu'elle ne seroit pas mal plaisante. L'on faict ainsi des lettres de TOVT EN BONTE SERAY.

D F S

Si ce chiffre estoit bien entrelassé, il se trouueroit beau, comme aussi les semblables qu'on voudra faire.

Or la premiere & plus excellente façon des notes est quand on escriuoit par lettres abregees si soudainement que la langue estoit promptement accompaignee de l'escriture, & que tant viste que l'on eut peu parler sans perdre vn seul mot, on pouuoit colliger quelque harengue, On dict que Tyro l'affranchy de Ciceron estoit fort bon ouurier de ce mestier là. Tu pourras veoir Plutarque en la vie de Caton qui faict mention de ceste inuention. Du temps de Ausone qui vesquit sous l'Empereur Theodose encores, regnoit ceste soudaine façon d'escrire comme il peut apparoir par la louange d'vn certain scribe qu'il a faict en ces braues vers Epigram. 157.

Puer notarum præpetum
Solers ministrer atuola, &c.

Par la disposition du droict l'on peut voir aussi que ces nottes estoient fort en vsage veu que *de ijs quæ raro accidunt lex heri non debet. l. Nam ad ea ff. de legib.* Car en la Loy *Lucius ff. de mili. testa.* il est dict expressement que si vn gendarme auoit faict par deuant vn notaire son testament qu'il l'eust receu par notes, s'il aduenoit qu'il decedast auant que le testament fut mis au net en lettres neantmoins qu'en faueurs des gensdarmes il estoit vallable, ce qui ne pouuoit auoir lieu aux autres testamens des plebeens & roturiers, si de leur viuant les notes, n'estoient reduictes au net, *Glos. in ff. l. in verbo concessum & l. sed cum patrono §. si.*

ff. de bonor. poss. Il me souvient d'auoir veu vn vieil fragment de ces notes entre les mains du sçauant Iurisconsulte Cuias, qui est proprement selon l'inuersion de son nom le vray Caius de nostre siecle, ie ne sçay si c'estoient celles de Magno, qui ont esté mises en lumiere à la fin du Code Theodosien. Encor qu'il me semble que ces lettres que ie vis estoient entremeslees. Or de ces notes la posterité nous a transmis encor quelques lettres, qui par leur assiduité & quasi par antonomase & excellence ont signifié quelque chose de particulier, comme celles dudit Magno & de Valerius Probus, laquelle ie ne repeteray point icy, non plus que ce que Golzius a doctement trauaillé sur les antiquitez. Bien diray ie que tous les autheurs conuiennent que chacune profession pour abbreger les vocables de l'art en a inuenté & tenu de particuliers inuiolablement. Qui ne sçait les trois notes des Romains en tous iugemens?

A. absoluo.

C. condemno.

N. L. non liquet quand l'affaire se treuuoit douteuse.

Θ aussi par ce que Θάναϐος qui commence par ceste lettre là, signifie la mort, estoit vn signe de condemnatiō, & T. signe d'absolution, Δ d'ampliation, pour dire que le procez n'estoit pas en estat d'estre vuydé, comme rapporte Asco Pedianus. Tu as à la fin de Valerius toutes les autres notes des iugemens & des actions. I'ay seulement colligé ce peu de suyuantes pour les curieux de l'antiquité, & afin de ne hæsiter à la lecture des antiques, mesmement des tombeaux.

A. B. V. C.   *Ab vrbe condita*

A. A. A. FF. selon l'interpretation de du Chou Bailly des montaignes *Ære, argento, auro flauo ferunto.*

Ce que Bodin a ainsi recorrigé, ie ne sçay toutesfois par l'authorité de qui, encore que ie treuue ceste correction bien faicte.

Aureo, argenteo, ære flando feriundo
A.A.L.M. *Apud agrum locum monumenti.*
A.F.P.R. *Actum fide publica Rutilij.*
Ciceron *inter iocandum* l'interpreta:
Æmilius fecit, Plectitur Rutilius.
C.N.S.P. *Censor perpetuus.*
D. *diuus.* DD. *Deo dicauit seu Dedicauerunt, Dono dedit, Deo domestico,*
D.M. signif. *Diis Manibus, Diuæ Memoriæ, Deo Maximo.* Quelquefois on met S, apres qui veut dire *sacrum.*
D.I.M. *Diis inferis maledictis.*
B.M.P. *Benemerenti posuit.*
PP. *Posuerunt.* P.C. *Ponendum curauit.*
H.M.H.S. *hoc monumentum hæredes sequuntur.*
H.S.V.F.M. *hoc sibi viuens fieri mãdauit.*
H.M.P. *hoc monumentum posuit.*

NOTES. 192

H. B. M. F. C. *hæres benemerenti faciendum curauit.*

φ. T. C. *intra tempus constitutum.*

II. V. III V. *Trium vir. quartum vir* X. *Decem viri.*

I. O. M. IM. *Ioui optimo Maximo immortali.*

T. F. *Titi filius.*

Mais voyla grand cas que pour exprimer ce mot *Mulier*, ils ont peinct vne w. renuersee, & pour dire *Mulier bona*. M. B. qui signifie aussi bien *mala bestia* c'est ce qui a donné lieu au prouerbe qu'vne bonne femme est vne mauuaise beste.

N. F. *N nobili familia natus.*

Ob. M. P. E. C. *ob merita pietatis & Concordiæ.*

P. S. F. C. *proprio sumptu faciendum curauit.*

R. P. C. *Retro pedes centum.*

I'ay mis ce peu de precedens pour la lecture des antiques tombeaux. Au reste il y en a des liures entiers, ausquels tu pourras recourir, comme aux susdicts probus, Magno, ez Codes ordinaires du droict, & pour auoir l'ample signification des medailles Duchou, *Sigonius*, le suldit *Golzius* & autres. Ie veux maintenant rapporter seulement les ioyeux & sur lesquels on a par vne contraire intelligence rencontré quelque chose de gentil.

R. R. R. T. S. D. D. R. R. R. F. F. F. F.
Romulo regnante Roma triumphante Sibylla Delphica dixit Regnum Roma ruet flamma, ferro, fame, frigore.

On dit en François trois f f f. mauuais voisins, fleuue, fort & freres, c'est à dire forteresse & moines.

Peste vient de trois f f f. faim, froid, frayeur.

Nous auons eu de nostre temps trois François François sçauans Iurisconsultes Duarein Hotomá Balduin. Ie croy que la naturelle sympathie du vin a trois f f f. fort, fraiz, friant, leur a beaucoup aydé.

Femme

NOTES. 193

Femme ne doit toucher à B.B.B.B.
de l'homme.

Bourſe, bonnet, barbe, brayette.

Les Empereurs Grecs portoient
ainſi quatre B, grez en leurs enſei-
gnes, pour denoter ΒΑΣΙΛΕΥΣ
ΒΑΣΙΛΕΩΝ, ΒΑΣΙΛΕΥΩΝ,
ΒΑΣΙΛΕΥΣΙ. C'eſt à dire Roy des
Roys regnant ſur les Roys.

Les meſmes Empereurs auſſi portoient ceſte marque qui eſt preſque
en toutes les vieilles pancartes ⳨ .
pour ſignifier χριϑ☉· , c'eſt à dire
Christ. Encores auiourd'huy on peint
ainſi ce nom ſalutaire abbreuié χρ̄ς.
meſmes en Latin & en François, eſti-
más quelques vns que ce ſoient trois
lettres Latines xp̄s, au lieu que les
deux premieres ſont Grecques, ſçauoir vn χ chi & vn ρ rho, & la derniere vne ſ. au lieu de ſigma, tellement
qu'il ſe doit ainſi eſcrire χρ̄ς.

Les Grecs diſoient en prouerbe

Bb

DES

que τρία κάππα κάκιϛα Cappadoces, Cretenses, Ciliciens es ces trois mauuaises nations commencent par C, grec.

Il y au monde quatre grand D D D D, qui font tout *Dieu, Diable, Dame, Deniers,*

Vne Damoiselle portant pour sa deuise cinq M, voulant dire, *Mai Morte Mutara Mia mente.*

Pource qu'elle estoit mariée à vn vieillard on luy dit que c'estoit à dire, Mon mary m'a mal montée.

Les Romains portoient en leurs enseignes, S. P. Q. R. Pour dire *Senatus, Populusque Romanus.*

Les Sibylles l'ont interpreté de Dieu.

Serua populum quem redemisti.

Beda l'a entédu par derisiō des Goths.

Stultus populus quærit Romam.

Les François, *Si peu que rien.*

Vn Italien entrant à Rome.

Sone poltroni questi Romani

Les protestans d'Allemaigne:

Sublato Papa quietum regnum.

Les Catholiques:

Salus Papa quies regni.

Quelqu'vn le voyant en la chambre d'vn Pape nouuellemét creé demãda:

Sancte pater quare rides?

A quoy soudain retrogradant & tournant les lettres, il respondit:

Rideo quia Papa sum.

LLL. MM. *Lacerat lacetum largij Memireius Mendax.*

Coras en ses Miscellanees se tourmente pour deriuer le mot *Papa à papu id est auis*, mais ie croy qu'il soit deriué de ceste inscription antique:

P A. P A. id est Pater patriæ.

Or quelques Papes ayans faict escrire ce mot en lettres fort amples PAPA, il fut interpreté:

Poculum Aureum Petri Apostoli.

ou *Petri Apostoli potestatem accepit.*

*Sur l'inscriptiõ de la Croix, la Fõtaine a faict imprimé ce suiuant, INRI.

On l'a interpreté, ie n'y retourneray iamais.

M O R S id est *mordens omnia rostro suo.*
Heu Mutans omnes res sepultas.

Et sur chacune lettre encor a lon fait deux mots.

M. mutatio mirabilis.
O omnimoda obliuio.
R Repentina ruina
S Separatio sempiterna.

I'auoy presques oublié de mettre les solennels sermans que font les Medecins quant on les passe docteurs à Montpellier : car on leur dit *vade & occide* C A I M. pour dire qu'ils facent leur aprentissage sur Carmes, Augustins, Iacobins & Mineurs qu'on dit autrement Cordeliers.

Il y a quelque temps qu'vn Charlatam feignit trouuer ceste prophetie par notes qui exprimoyent l'an 1570.

Quand un fourchu assis dessus deux paux
Suiuront cinq corps & sept cieux ouuerts

Lors on verra le grand Roy des Crapaux
Domter chacun & regir l'vniuers.

C'eſt vn V ſur deux I, cinq corps ſont cinq C, ſept ciſeaux ouuerts ſont ſept X qui ſont en telle forme repreſétez.

Ie me treuuay deuant vn beau logis baſty par vn Preuoſt, qui auoit faict eſcrire en lettres d'or dedãs vne table d'attente P.R.E.V.O.S.T. tant ſeulement. On interpreta ainſi chaſque lettre fort conuenablement à ſes actions:

Pren, raſle, emporte, vole, oſte, ſerre, tire.
Finis fut vne fois interpreté par tante Cropiere, femme ialouſe n'aura iamais ſanté.

Ie voy auiourd'huy infinis qui eſcriuent & publiét quelque choſe qui ne mettent que les ſeules premieres lettres de leur nom & ſurnom. Ce qui donne occaſion à pluſieurs de rencõtrer ſur le ſubiect de leurs liures, de plaiſantes gauſſeries & à bon droict:

Bb iij

car que leur sert de faire deuiner vn lecteur sur deux lettres, qui se peuuent attribuer à mille choses. Ou bien ils font cela d'vne extreme ambition de vouloir estre curieusemét recherchez ainsi que la Nymphe Virgilliane. *Et fugit ad Salices & se cupit ante videri*. comme si leurs lettres ainsi choisies deuoient seruir de notes inuiolables à la posterité. La fontaine en son art poetique en a donné vn traict gentil, mais indigne de du Bellay auquel il s'est trop pedamment attaché. Celuy-cy ie croy n'offensera personne.

Girard Panon feist construire à Dole le portail des Cordeliers & peindre le deuant auec ses chiffres de P, & G, on l'interpreta diuersement, Monsieur de Popincourt dict que c'estoit *Pate grise*, *Potage gras*, le sieur de Monipoil disoit *Pauures gens*, *Poil grison*, *Pasles grimaces*.

Pour sçauoir le lieu où les mon-

NOTES. 196

noyes se font, & en quelles villes de
France, pour la marque on a donné à
chacune vne lettre, comme:

A signifie Paris.
B   Roüen.
C   Sainct Lo.
D   Lyon.
E   Tours.
F   Angers.
G   Poictiers.
H   La Rochelle.
I   Limoges.
K   Bourdeaux.
L   Bayonne.
M   Tholose.
N   Montpellier.
O   Moulins.
P   Dijon.
Q   Chaalons.
R   Sainct André.
S   Troyes.
T   Saincte Menchoust.
V   Thurin.

Bb iiij

	DES
X	Villefranche.
Y	Bourges.
Z	Dauphiné.
&	Prouence.
9	Bretaigne.
✠	Cans.

Lesquelles lettres se voyent en chasque piece monnoyee au dessouz de l'escusson ou ailleurs. Comme aussi outre lesdites lettres y a tousiours encor des poincts souz certaines lettres lesquels estoient anciennement les seules notes des monnoyes, comme i'ay remarqué en vn vieil liure des monnoyes extraict de la chambre des comptes à Dijon.

Comme en la monnoye de Rouen y a vn point souz le G. de *REGNAT*.

En la monnoye de S. Lo vn poinct souz l'A de *Francorum*.

En la monnoye d'Angiers vn point souz le C de *Vincit*.

En celle de Tours vn poinct souz

le T de *VINCIT*.

En celle de Troyes vn poinct souz le G de *GRATIA*.

En celle de Poictiers vn point soubs l'I de *VINCIT*.

En celle de Dauphiné vn poinct du temps du Roy Charles VIII. soubs le A de C·ROLVS.

Et ainsi des autres, car tels poincts se changent selon le nom des Roys à discretion des gens des monnoyes de Paris qui enuoyont par toutes les villes de France leurs poinçons.

Ie mettray ces notes ordinaires des plus celebres sciences. Les Iurisconsultes ont ces suiuantes.

§. paragraphus ff. Digestis.
1. q. 2. prima causa, quæstione secunda, & sic de cæteris.

  C.   Codice.
  l.   lege.
  ¥.   versiculo.
  gl.   glosa.

DD.   doctores.
c.   capite
ca.   Canone.
j.   infra.
s.   supra.
e.   extra qui signifie les Decretales.

Auant que passer plus outre, pour ce que infinis se sont trauaillez de dóner la cause pourquoy on peint deux ff. (que les postes appellent febues frittes,) pour signifier Digesta : I'ay bien icy voulu rapporter la diuersité de leurs opinions. Alciat en ses despunctions, & apres luy Coras en ses Miscellanées disent, que les anciens qui auoyent accoustumé d'appeller les Digestes, Pandectes selon qu'encor on les surnomme au-iourd'huy, pour les signifier, peignoyét vn π grec auec l'accent circunflexe en ceste façon $\hat{\pi}$. Qui a donné occasion aux ignorans de la langue Grecque d'estimer que ce fussent deux FF, en lettres Romaines.

Catellianus Cotta lib. memora. apres vne enumeratió de quelques notes antiques dict qu'on les a signifié auec deux ff, qui selon les anciens denotent *facta fuerunt*, d'où mesme on les a appellé *Digesta quasi disposita*.

Charles Estienne en l'epistre qu'il a faict à la commendation des regles de droict dict que ceste note est prouenue *ex D. transfixo sic §.* qui a donné occasion de penser que ce fussent deux ff. Quant à moy ie puis asseurer que i'ay des annotations *cuiusdam incerti* doctes & elegantes sur les Institutes où tousiours les Pandectes ou Digestes sont alleguees par ceste marque Ð, qui est vn vray D, auec vne ligne à trauers.

Ottoman au tiltre de *act.* asseure qu'vn des plus curieux scrutateur des antiquitez que l'on sçauroit dire le sieur du Tillet, luy a monstré & à Balduin aussi vn semblable §. *in libro nota-ry Iuris Ciuilis* fort antique qui signifioit Digesta. Voyla ce que i'ay à dire sur ce mot *ne nescius esses*:

Quant aux autres notes elles sont faciles, parce que elles commencent par la premiere syllabe du mot qu'on veut signifier comme *instit. institutiones. Authen. Authentica*, mesmes tous les tiltres du droict s'abbreuient de ceste façon, comme. *si cert. pet. si certum petatur*. Ce que lon interpreta vne fois *si certain pet de pa. po. de patria potestate*. Surquoy puisque il m'en souuient ie te feray ce cõpte d'vn certain qui faisoit bié l'habile, qui se trouua vn iour en vne compagnie où l'on disoit que bien-heureux estoit le siecle auquel on ne parloit ny de papaux ny de huguenots. A quoy il respondit que quant au mot de papau il n'estoit pas fort nouueau, par ce que mesmes en droit il y en auoit vn tiltre expres, & allegua à ce propos ce tiltre de pa po. aux Institutes Reb. 9.

Celuy qui parloit côtre le luxe de noftre fiecle & difoit qu'il eſtoit defendu aux Iuges d'auoir vn cuifinier par difpofition de droict. *tit. vt iudices fine quoquo* &c. auoit auſſi bonne grace. Or pour ce que tu as *Modus legendi abbreuiaturas in iure* affez pour t'exercer dix-huit mois, Ie viédray aux mots de nos chiquaneries Françoifes qui font aux carnots de nos greffiers feulement: comme *ap*. appoinctement, p. preuues e, en p : e contra en perfonne. *de. deff. rep. dup.* demendes, defenfes, repliques, duplicques. Car en leurs copies qu'ils font ils allongent tellement les SS. qu'en vn feuillet il n'y aura pas douze lignes & en chafque ligne deux, ou trois mots. Encor que l'ordonnance l'ait curieufement reglé, car elle veut que chafque feuillet contienne vingt lignes & a chafque lignes cinq mots

DES

Les Medecins ont ces notes pour le moins.

℈	*granum.*
℈	*scrupulus.*
℥	*uncia.*
ʒ	*dragma.*
q̃r	*quartarium.*
℔	*libra.*
S	*semis.*
M	*Manipulus.*
P.	*pugillus.*

Les Astrologues ont ces marques, premierement les douze signes compris en ce distique.

♈ ♉ ♊ ♋ ♌

Sunt Aries, Taurus, Gemini, Cancer, Leo,

♍
Virgo.

♎ ♏ ♐ ♑

Libraque, Scorpio, Arcitenens, Caper

♒ ♓
Amphora, Pisces.

La premiere de ces figures ressemble aux cornes d'vn Bellier, la secõde à la teste d'vn Taureau, Gemini par deux lignes egales qui semblent deux qui s'entrelassent, Cancer par le chemin droict & rebours de l'escreuice, Leo par vne queue de Lion qui va de ceste sorte, Virgo est tiré des plis de la robe d'vne femme, Libra vne balance, Scorpius resemble à la queue du Scorpion, Sagittarius à cause de la sagette, Capricornus vn cheureau qui saute, Aquarius par des ondes, Pisces par deux figures de poissons qui se iouent.

Voyla comme Bonatus Carella Placentinus & autres Astrologues les accoustrent. Comme aussi les sept planettes suyuans:

♄ Saturnus quasi vn vieillard appuyé sur vn baston.

♃ Iuppiter quasi vn Roy qui tien vn sceptre.

♂ Mars à cause du dard furieux.

☉ Sol c'est la figure du Soleil.

Des Notes.

♀ Venus quasi vne grande femme delice.

☿ Mercurius vn iouuenceau qui porte ses talaires à la teste & aux pieds.

☾ Luna c'est la figure du Croissant.

Voicy les notes des aspects.

✶	Sextilis.
△	Trinus.
□	Tetragonus.
☌	Coniunctio.
☍	Opposi*io*.

Il y a encores trois suiuans ☊ *caput draconis* ☋ *cauda draconis* ⊕ *pars fortunæ*.

Quant aux notes des poids & monoyes tu les as amplement dans *Priscianus Beda, Rhemnius, Fannius, & Volasius Corn. Agrippa*. Et nouuellement colligez par le sieur Garrault Parisien, comme aussi celles des nombres desquelles i'ay parlé en leur chapitre particulier.

DES EPITA-phes.

CHAP. XXII.

TV As peu veoir cy deuant plusieurs Epitaphes entresemez, les vns parmy les chapitres des vers numeraux, des vers ingenieusement pratiquez, des Rebus, des vers Leonins, &c. Or maintenant ie te voys donner le reste de ce qu'il m'a semblé le plus digne d'estre à remarqué. En premier lieu nous auons ces Epitaphes antiques tirez des anciens monumens qui ont fort bonne grace, selon que tu en pourras veoir des exemples dans Gabr. Symeon

DES

Martianus Gaudentius, Merula le Poliphile, & autres scrutateurs de l'antiquité, à l'imitation desquels plusieurs Frãçois en font auiourd'huy de beaux & tres-excellens. Tu as à Tholose ce suiuant derrier le cœur des Iacobins, qui est memorable.

D. O. M.
S.

Siste parumper Viator, & hac lege. Hic iacet I. Mandinellus qui vixit cxx. annos, cum chariss. coniuge lxx. ex qua liberos suscepit xxiiij. obijt anno cIɔIɔ lxv. Hac te scire volui, nescius ne esses. vale & ora.

I'en ay basty plusieurs de ceste façon, mesmement vn en faueur d'vn mien amy de Carcassonne:

D. M.

P. Moretio erga Deum pijss. Regi fideliss cuius procurator prisca illa probitate, integritate negotia per. an. viij. gessit, omnium artium, præcipuè iuris peritiss. vxor suaviss. liberique chariss. M. P. C. vixit cum dulciss. vxore an. xxxiij. vij. suscepit liberos: quorum ij masculi, totidem fœminæ superstites. Obiit. anno ætat. climacterico cıɔ. ıɔ. lxviij.

Il y a au Cemetiere Saint Estienne à Tholose deux beaux Epitaphes de ceste façon, l'vn de Philandrier Chastillonnois, & l'autre de Pascalius, qui tout le temps de sa vie a entretenu la France d'vn vain dessein de l'histoire Françoise.

Nos anciens François ont accoustumé de faire des Cy gist : Ce qui se practique encor fort auiourd'huy : Comme, *Cy gist honnorable homme. N N. Bourgeois de Paris, qui mourut le 10. Octobre, 1560. Priez Dieu qu'il luy face mercy.*

En Bourgongne il s'en void de plaisans, en la fin desquels y a touiiours ces mots. *Dieu ait larme de ly.*

Mais toutesfois les mieux versez aux bonnes lettres n'en font plus gueres de semblables, si ce n'est pour ap-

Cc ij

plaudir à quelques vieilles vesseuses de meregrands qui ont des escus.
I'en ay veu practiquer depuis peu de temps de ceste façon que m'a donné vn mien intime amy de Bourgongne:

Dedié

A LA POSTERITE.

Guillaume Tabourot eloquent & celeglebre Aduocat à la Cour, Conseiller du Roy, & maistre extraordinaire en sa chambre des comptes à Dyon. Apres auoir vescu en honneur & reputation entre les siens, recherché des grands Seigneurs, chery de ses semblables, honoré du Peuple & generalemēt aymé de tous, mourut eagé de xxxxv ans, cinq mois, le xxiiij. Iulet cIɔ.Iɔ. lxi. au grand regret de sa patrie, & douleur inestimable de Damoiselle Bernarde Thierry sa femme, & de ses fils Estienne & Theodecte, qui luy ont pour dernier office de pieté faict faire ce tumbeau.

En voicy vne autre de feu Maistre Iean le Feure Chanoine de Langres:

AV PASSANT.

Arreste passant. Icy repose le Corps de Iehan le Feure en son viuant Chanoine de l'Eglise Cathedralle de Lengres, sçauant Theologien, excellent Mathematicien, curieux des arts mechanicques, sur tout de l'horologerie & peincture, Il mourut eagé de lxiij. ans, l'an cIɔ.Iɔ.lxv. Or va maintenant ie ne te voulois autre chose.

Dans A. Gellius, il y a trois Epitaphes des plus beaux qu'on sçauroit veoir, ils ont esté chacun composez par les poetes qui de leur viuant ont faict leurs tombeaux. Ce premier est de Næuius insolent & arrogãt le possible.

Immortales mortalem ŝi foret fas flere,
Flerent diuæ Camoenæ Næuium Poetam:
Itaque postquam est orchio traditus thesauro,
Obliti sunt Romæ lingua latina loquier.

Celluy cy de Pacuuius est fort modeste & elegant:

Cc iij

Adolescens tametsi properas, hoc te saxum rogat,
Vt se aspicias, deinde quod scriptum est legas.
Hic sunt poetæ Pacuuij Marce sita
ossa, hoc volebam nescius ne esses. Vale.

Le tiers est de Plaute:
Post quam est morte captus Plautus,
Comedia luget, Scena est deserta,
Deinde risus, ludus, iocusque & numeri,
Innumeri simul omnes collachrimarunt.

Or apres ces vers des vieux Poetes, il ne sera mal à propos si ie rapporte en ce lieu vn Epitaphe que ie fis de vieux mots, & tels que lon parloit du temps de la mere d'Euander, il y a quelque temps, sur vn ieune homme, qui fut vollé & tué d'vn coup de Pistolle allant à la poursuyte d'vn estat de Conseiller à la Court de Parlement de Dijon.

EPITAPHIVM DE GVIdone Alexantÿ Præsidis filio, antiquitatis & obsoletis verbis contextum.

Aduortat huc quisquis haud quitus est fligi
Ludibryis creperæ & malæ sortis, Breut
En delico flos iuuenum Alixantus simul
Quem dulcitas, virtus, honestitudóque
Senioribus congenerarant facillimè
Eheu Senator summa latitudine
Crearier dum certus est & nullius
Metu anxitudinis sibi suisque dubitat
Te per nimis, cinctus famulitate tenui
Aggressus st iner, in manus teterrimas
Immanium furum misellus incidit,
Qui sanguen & ab illius corpusculo
Iecere diuidos, cruento vulnere.
Eos nec amolire potuit comitas
Genuina hominis adeo parum virtus situr,
Ludítque nos vens vita in hac Caligine.

Sed nescius tamẽ mori, habet hoc præmium,
Cælis anima, corpusque humi perennitas
Fama omnibus probis, amicis intimis
Solus dolor superescit. Hac non nescius
Debes viator sat tuis oculis. Vale.
Obijt Non. Mensis Apollinei
Ann. AB.V.C. 2319.

Les autres epitaphes se font par forme d'Elegies, comme tu en as en Virgile *de obitu Mæcenatis*, & de toutes autres sortes de vers tout ainsi que ce font les autres Epigrammes. Specialement nos anciens peres en ont basty en Latin de vers Leonins, comme cestuy d'vn Curé de Pontailler nommé Bergeres.

Conditur hîc intro qui plures condidit antro:
Nam curatus erat, nunc nullum condere curat.

Antea Bergeres, terræ nunc esca Ioannes,
In cælo cuius requiescat Spiritus eius.

Aliud,

Hîc iacet in Cineres quem deflent hæ mulieres
    Præbyter Andreas qui vitiabat eas.
En François par Cl. Marot.
   Cy gist qui assez mal preschoit,
   De ces femmes tant regretté
   Frere André qui les cheuauchoit,
   Comme vn grand Asne debasté.

S'ensuiuent des serieux pour r'enfreschir ta memoire.

En l'Abbaye de Saincte Benigne de Dijon se trouuent ces Epitaphes suyuans, le plus ancien est en vn marbre noir au chapitre du bon Iarento, qui fût precepteur de Hugues 2. Duc de Bourgongne, & depuis Abbé d'icelle Abbaye:

Dormit hic Iarento venerandus in hoc monumento,
Qui tibi tam dignè seruiuit Sancte Benigne.
Migrauit Anno Domini M.C.V.

   Autre.
Anno 1306.7. Id. Nouemb. obijt Dominus

Io. de Ardi miles, orate pro eo.
Mors iuuenem ferit atque senem discrimine magno,
> Nempe ferit iuuenem retro, sed antè senem,

Aliud,

Hic iacet Nicolaus Flauiniensis Abbas, anima cuius & omnium fidelium per misericordiam Dei sine fine requiescant in pace, Amen.
Qui legis hæc ora, Deus hunc benedicat in hora
Natus Belnensis fuit hic pòst Diuionensis,
Est monachus factus, monachi vigilauit in actus.

Item :

Quem lapis iste tegit, saluet qui tartara fregit.

Du nouueau restaurateur de l'Eglise de ce lieu fut faict ceste Epitaphe.
Hugo suis Arcus, Cato sensu, dogmate Marcus.
Nec meritis parcus, iacet hic quem protu-

lit arcus
Mille C.ter domini dic annos luce Cirini
Traditur vt memini cineri corpus, caro fini
Basilicam simul & fabricam capsæ fabri-
    cauit.
Angelicam det ei tunicam qui cuncta crea
    uit.

Autre d'vn à qui il faschoit de mourir:

Cy gist Iean Dabbota Damoysel qui mourut le Mercredy auant la Sainct Martin,
l'an mil cccxxxvj. Dex ayt larme.

O mors quàm dura & quàm tristia sūt
    tua iura?
Si mors non esset quàm lætus quilibet esset.
Præterit iste dies, nescitur origo secundi.
Aut labor, aut requies, sic transit gloria
    mundi.

Autre,
Hîc iacet Ioannes de Arcu,
Miles famosus, consul ducis, ac animosus,
Mitis veridicus, monachorum verus ami-
    cus,

Cuius Anima requiescat in pace. Amen Pater noster. Obijt 1290. Cal. Ap.

I'ay remarqué en tous ces vieux Tombeaux François que iamais n'omettent de dire le iour auant vne feste, comme le Lundy auant Pasques, apres Caresmentrant &c. Qui monstre bien qu'il estoient plus curieux de leur Calendrier que nous qui ne nous en seruons sinon par forme d'Almanach pronosticatif.

Au Monastere de Sainct Estienne audit Dijon sont ces suyuans: le premier d'vn Prieur nommé Symon de Plaisance.

Hac tu qui transis, Sy de Plaisance memor sis.

Autre d'vn enfermier dudit lieu.

Talis eris, qui calce teris mea busta pedestris,
Qualis ego iaceo vermiculosus ego.
Sis Petrus aut Macedo, vasti moderator & orbis,

sis Cato vel Cicero, denique talis eris.
Aliud.
Est natura mori cunctorum sicut oriri.
 Falce retro iuuenes Mors ferit ante senes.
Aliud:
Petra tegit Petrum quem Christus Petra redemit
Vermiculis tetrū, quē mors crudelis ademit.
Hic quondam Claustri Prior, ens, aurigaque plaustri
Dormit ibi rite rediturus ad ostia vitæ.
Nam sine figmento consurget ab hoc monumento,
Absque detrimento fidei fretus documēto,
In Paradiso sit patens via mansio certa.
Hinc Labyrinthus flebilis intus sit procul acta.

I'ay veu d'vn riche & puissant Seigneur cest Epitaphe ambigu:

 Hic jacet vir amplissimus.

Et d'vn bon biberon:

 Hic iacet Amphora vini.

C'est à dire cy gist vn tonneau de vin

D'vne vieille peteuse qui mourut en petant fut faict ce vers:

Vne animam crepitu iana pepedit anus,

En François:

Vous qui passez priez Dieu pour ceste dame
Qui en petant par le cul rendit l'ame.

C'est vne imitation de virgile qui dit ainsi. *Purpuream vomit ille animam.* Comme d'vn qui mourut de la Caquesangne, il fut dit ainsi:

Purpuream cacat ille animam.

Ie vois entrer aux vers François, mais ie ne veux colliger que les follastres, pource qu'il y en a vne abondance de bien faicts & serieux en nos Poetes François. Voyla donc dequoy la ronfle:

Icy gist messire Iean veau
Ma foy ce n'est rien de nouueau,
Quand tout est dit c'est peu de chose
Messire Iean veau cy repose.

Cy gist le sire Iean Rates
Et tous ces petits Rattelets.

Et sa femme Dame Sibylle
Ma dei mercy encor vit ille.

Pensez qu'elle auoit faict faire son tombeau auant que de mourir, ainsi que fit le Sieur de Beaulne, duquel vn poëte gaillard fit ce Tetrasthique:

Huc sibi Belnensis tumulum quem cernis inanem,
Struxerat, inuidit cui laqueus tumulum.
Debuerat certé sors si foret omnibus æqua,
Tardius hic fieri, vel prius ille mori.

Et ce quatrain François est aussi sur le mesme subiect.

Icy gerra s'il n'est pendu
Ou si en la mer il ne tombe,
Monsieur qui a dressé sa tombe
Auant qu'estre mort estendu.

Ce quatrain est de mesme sens, il a esté composé par quelqu'vn qui faisoit des vers mesurez sans rime.

Cy gist Thomas l'eniaueleur
En son temps boteleur de foing.
Il n'est pas icy enterré
Mais il a faict faire ceste croix.

Vne certaine femme apres la mort

de son premier mary luy fait faire vne sepulture où elle auoit faict mettre à la grand mode accoustumée.

Cy gist vn tel qui mourut le 1. Iuillet 1572. & Damoiselle Pietrequine de Couillonis, qui trespassa le esperant comme il est vray semblable qu'elle s'y feroit inhumer vn iour, Mais en fin ayant changé d'aduis apres qu'elle fut morte & enterrée ailleurs, ses heritiers firét adiouster à l'Epitaphe: Allez veoir sa tombe aux Cordeliers, car elle n'est pas icy enterrée.

Voyla vn petit mot à la louange de ceux qui font faire leurs tombeaux de leur viuant, a fin que l'heritier ne l'oublie.

Autres Epitaphes.

Pernot teste vuyde
Cy gist bon Catholique.
Et Jaquette sa femme
Dieu vueille auoir leur ame,
Aussi Didier leur fils,
Dieu leur doint paradis.

Epitaphis.

Pour entremefler quelque chofe de gaillard, ceftuy-cy eft à Paris au Cimetiere des Innocens:

Cy gift Iolland Bailly, qui trefpaffa mil v.c. xiiij. l'an lxxviij. de fon aage, le xlij. de fon vefuage, laquelle a veu ou peu veoir deuant fon trefpas deux cens quatre vingts & quinze enfans yffus d'elle.

Claude boiteux vefquir autant d'annees, mais il n'eut pas la nature fi fertile que cefte diableffe d'Iolland Car ie vous laiffe à penfer que de coups de feffes il auoit fallu donner.

Claude boiteux cheminant droict
Gift à prefent en cest endroict
Boiteux par tout il fut nommé.
Des grands & petits renommé.
De fe marier n'en eut enuie.
Quatre vingts huict ans fut fa vie.

Pour la deuife y a deffoubs. Va droict boiteux.

Ces deux fuyuans font Bourguignons compofez par vn docte Iurif consulte.

N'asse pa vn gran deconfor
Dou fils de Claude lhosteley
Ai la sumbay tot roide mor
De dessus vn amandeley
Au meins set feusse mor au ley
Luy qui estoit si bea & saige
Ce ne feusse pai las Cordey
Pas estay vn si gros dommaige.

Autre d'vn Ayuocat du mestier ordinaire d'Escheuin.

Cy dessot geyst monsieu Fecard
En son viuant gran ayuocard:
O l'estot braue personaige
En ses tiltres anor noble & saige
S'ay ieusse vescu encor gaire
Ai poir quest ne feusse este maire?
Car quant say mailaidie l'y vint
El estot desiai Escheuin,
Bonnes gens qui por cy passez
Dictes requiescant in pace.

En voicy vn bon François:

Cy gist dessouz ce marbre vsé
Vn personnage bien ruzé,
Auquel il cousta maint escu
Pour estre declaré cocu,
A son frere ne cousta rien
Ne toutesfois il le fut bien,

EPITAPHES.

Priez Dieu pour les trespassez.

Retournons en Bourgongne, puisque cettuy-cy m'est reuenu en memoire:

Bonnes gens qui par cy passez
Priez Dieu pour les trespassez,
Bonnes gens qui passez par cy
Priez pour ce pauure homme icy,
Qui par cy passez bonnes gens
A prier soyez diligens
Pour le pauure frere Gregoire
Qui ne mourut que de trop boire,

Et ce suiuant.

Cy gist le sire André Ratet
En son viuant marchant foullon
El n'a ne debout n'esseret
M'a etendu tout de son long
En son temps el fit bons bouillons
Quoy qui en parle ou qui en grongne
On l'eu queneu à ses haillons
Et l'ou voit on ai fai besigne.

Autre

Cy gist noble Iaques Ploton
Qui en sa vie n'eut medecine
Sinon du bon vin de gyron
Le meilleur qui fut en sa vigne.

En voicy vn d'vn cheualier de l'ordre nouuellement imprimé, qui fut plus

Dd ij

tost cheualier que gentilhomme.

   Cy gist vn fort homme de bien
   Aimant l'autruy comme le sien,
   Son pere estoit bon roturier
   Et luy faict à tort cheualier,
   Iamais armé fors qu'en peincture,
   Priez Dieu pour la creature.

Sur vn docte meschant personnage fut faict ce quatrain :

   Dolus est mort veux tu sçauoir ?
   Chacun dict que c'est grand dommage :
   Ie le croy bien quant au sçauoir,
   Mais non-pas quant au personnage.

Autre d'vn sçauant dissimulateur qui nageoit entre deux eaux.

   Cy dessoux gist monsieur Canon
   C'est douleur de sa departie,
   Pource qu'il eust esté fort bon
   Pour vne chambre mypartie.

Celuy de l'Empereur Charles n'est il pas braue & digne d'vn si grand Cesar ?

   Hic jacet intus
   Carolus quintus
   Dic pro illeibus aut ter,

EPITAPHES.

Aue Maria Pater noster.

Voicy au naturel celuy du sieur Dando, qui a esté restitué sur vn marbre antique :

Cy gist qu'on appelloit Dando
Mon compere Messire Estienne
Il est ceans qu'il faict dodo
S'il est bien aise qu'il s'y tienne.

L'on m'a donné ce suiuant d'vn bon compagnon, digne toutesfois de plus heureuse fortune, car il aimoit les lettres, & cherissoit vniquement les lettrez.

Ianus profudit patris immensas opes
 In scorta, cœnas, aleam,
Dux gratiosa quem spe inescans aulica
 Spoliauit amplis prædijs :
Superesse cernens iam nihil quo viueret,
 Vix dum vir optauit mori
Moriénsque dixit, vita si breuis mihi est
 Compenso tempus gaudijs :
Homini senescenti optima æui portio
 Luctu & labore interfluit.

L'on feit sur le Medecin Syluius cest

epitaphe.
*Syluius hîc situs est gratis qui nil dedit vn-
quam.*
Mortuus at gratis quod legis ista, dolet.

Cest autre est d'vn auaricieux qui fut enterré au Cimitiere des pestiferez à Laon en Laonnois.

Cy gist vn braue personnage
Des plus fortunez de son aage,
Il ne sçauoit ny A ny B,
Et toutesfois il fut Abbé:
Et aussi pour le faire Court
Il fut Conseiller à la Cour,
Encor eust il bien esté prestre,
Mais iamais ne le voulut estre
On dict qu'il auoit vn Thresor
Qui n'est pas descouuert encor
S'il en eust fait de bons amys
Son corps ne fut pas icy mis,
Mais il n'ayma iamais personne
Priez Dieu que Dieu luy pardonne.

L'epitaphe du sauetier Blondeau dans des Periers est gracieux

Cy dessous gist en ce tombeau
Vn sauetier nommé Blondeau

En son viuant rien n'amassa
Et puis apres il trespassa,
Marys en furent les voisins
Car il enseignoit les bons vins.

Autre qui est en l'Eglise de Selongey.

Cy gist le Chastellain Guillaume
Qui sçauoit ses pars & ses pseaumes,
Et des loix estoit le plus sage.
Il tint les quatre balliage
Trestous l'vn apres l'autre
Si en dictes voz patenostres.

Autre d'vne damoiselle apres la mort de son mary:

Cy gist au pres de ceste porte
Vne femme qui n'est pas morte,
La vefue de feu Iean d'Arbois
En son viuant marchant de bois,
De foing, de feurre, & de chandelle,
Et maintenant est damoiselle.

Celuy est d'vn meschant.

Cy gist qui n'acquist autre bien
Sinon bruict de ne valoir rien.

Autre:

Icy gist mon frere Iean
Nous le verrons au Iugement
Et ma sœur Elizabet
Si bene fecit habet.

Dd iiij

DES

Autre d'vn bon patissier par excellence demeurant à Chalon en Bourgongne.

Icy gist Iean de la fontaine
Qui en son temps a pris grand peine
A faire tartres & goubelets,
Dieu luy pardonne ses mesfaicts.

Cestuy est d'vn marguillier de Saint Iean de verdun n'agueres decedé:

Icy dessous gist Iean Roussille
Un marguillier autant habille
Qu'il y en eust point dans la ville
Tesmoings Rondot & Vieilleuille.
Il mourut l'an cinq cens & mille
Auec trois vingts & huit & dix.
Dieu le loge en son Paradis.

Autre sur le Trespas d'vn bon quillebandier.

Cy gist maistre Antoine la molle
De son viuant prest à tout faire,
Il auoit quilles & courtebotille
Et des cartes plus de vingt paire,
Prions Dieu qu'il le mette au roolle
Des bienheureux en paradis
En memoire du temps iadis.

Sequitur nunc Epitaphium magistri Ioan-

EPITAPHES. 213

nis le Veau, cuius epitaphium gallicum suprà legitur:

O Deus omnipotens vituli miserere Ioannis,
  Quē mors præueniens non sinit esse bouem,

Cestuy est braue & serieux:

  Cy gist le Seigneur de Manas,
  Lequel de sa propre allumelle
  Se tua prenant ses esbats
  Sur le corps d'une Damoiselle.
  Ie ne sçay apres son trespas
  Là ou son esprit s'en alla.
  Mais ie sçay bien qu'on ne va pas
  En paradis par ce trou la.

Iean second conclud ainsi l'Epitaphe d'vn qui mourut de ceste sorte:

Qui blâda veneri cunctos sacrauerat annos
  Non aliter vitam ponere dignus erat.

Ces suiuans qui me sont venus inopinement en memoire, meritent d'estre rapportez.

I'ay leu ce premier deans Alciat, G. Simeon & autres.

Heus viator hic vir & vxor non
  Litigant. Quæres qui sim non dicam.
  At ehodum ipsa dico. Hic Belbius

*Ebrius me Brebiam Ebriam nuncupat,
Ohe coniux etiam defuncta garris?
Ad Gades vltimas & hoc habetur.
Heliodorus insanus Cartaginensis ad extremum orbis sarcophago testamento me hoc iussi condier, vt viderem si me quispiam insanior ad me visendum ad hæc loca penetraret.*

Pensez que c'estoit quelcun qui n'estimoit gueres sages les autres nõ plus que luy.

Ce suyuant a esté pesché des antiques monumens de Hotoman.

Feliciani Veronen. Mihimet Verona fœlicianus Veronensis sacrum const. qui inquietus viuus nunc tandem quiesco, Solus cur sim quæris vt in die Censorio si ne impedimento facilius resurgam.

Ce grand Misanthrope de Thimon Athenien auoit aussi bonne grace, l'Epitaphe duquel est conforme aux autres actions de sa vie.

Hic sum post vitam miseramque, inopem

que sepultus,
Nomen ne quæras Lector, dij te male perdāt.
En François.
Pendant ma miserable vie
I'ay heu tout mal-heur en ce monde,
N'ayez de me cognoistre enuie
Lecteur le Diable te confonde.

Laurent Valle ce grand nez & si mordant, que pour acquerir bruict de ne rien espargner, il osoit mesme meschamment dire (comme recite *Pontanus in lib. de Sermone. 1. cap. de contentiosis, habere se in Christum spicula*) eut en fin cest Epitaphe tref-digne de luy rapporté par Volaterran:

Ohe vt Valla silet solitus qui parcere nulli
  est,
  Si quæris quid agat nunc quoque mordet
  humum.

Or s'ensuit l'Epitaphe d'vne estrāge mort, Car on dit qu'vne Italiéne mourut en le faisant, il faut bien dire que ce fut d'vne estrange façon, veu qu'on tient, que femme couchée & bois de-

bout, homme n'en vit iamais le bout.
Mais notez aussi qu'elle estoit droitte
vn peu courbee.

Qui giace Iulia ferrarese extinta
  Mori in bordello & fu il suo caso oscuro
  Fotendola vn faquin col capo al muro
  Gli rope il culo & collo en vna spinta.

Or croyez le si vous voulez, car ie vous asseure que d'auiourd'huy ie n'yray veoir.

Dedans Polyphile il y en a infinis de gentils, desquels i'ay colligé ce suyuant, par-ce que ie le treuue mal interpreté. Il est en forme d'Enigme.

D. M.

Lyndia Thasius puella puer hîc sum sine
  Viuere nolui, mori malui. At si noris sat
  est.   Vale.

I. Martin l'interprette ainsi.

Lyndia Thasius ieune fille,
  Ieune garcon ie suis icy, laissé ie n'ay
  Voulu viure, mais ay mieux aimé mourir.
  Si tu sçais le cas il suffit.

Or il se doit ainsi interpreter à mon

Lyndia Thasius fille & fils ie suis icy
sans, ie n'ay voulu viure, i'ay mieux
aimé mourir, Si tu le sçais il suffit.

Pour monster que c'estoit vn hermaphrodite qui pour n'auoir osé faire eslection de son sexe, estoit mort sans mary ny sans femme. Et par ce mot *sine*, qui signifie *sans*, il remarque l'ambiguité honteuse de son chois.

Leon Baptiste Albert remarque que la beauté des Epitaphes consiste a estre briefs & intelligibles, & mesmes Platon ne vouloit pas qu'ils continssent plus de quatre lignes, Suiuant quoy il allegue aussi les vers d'Ouide ainsi bien traduicts.

Grauez moy sur vne colonne
Briefs qui mes fais puisse tenir,
Si qu'en courant toute personne
Les puisse lire & retenir.

S'ensuiuent d'autres Epitaphes bizarres, ou bizerres en langage cour-

DES

tisan.

D. M.

Pomponatij Phi.

Hic sepultus iaceo. Quare nescio nec si scis aut nescis curo, si vales bene est, viuens valui fortaße nunc valeo, si aut non, dicere nequeo.

Ce suyuant m'a esté enuoyé de Gafalase pres Tholose, sur le Capitani Volore qui ne viuoit que de rapine, & pour penitence mourut de retention d'orine, auec vne aigre chaudepisse. *Nota* que *falso* il se disoit, *Cauallero de l'ordre des regles.*

 Cy dessouz gist vn Cheualier
 Qui eust de l'Ordre le collier
 Auant que d'estre Gentilhomme,
 Ie ne sçay pas comme on le nomme,
 Car il changea de plusieurs noms
 Recherchez de tant de façons,
 Auec des du le de la ,
 Qu'il prenoit par cy & par là:
 Que son pere fut des mois dix

EPITAPHES. 216

Sans le cognoistre pour son fils,
Ny le nommer tel (car peut estre
Son vray pere estoit ce gros prestre
Chez qui sa mere demeura,
Lors que son mary la chassa,
Pour l'auoir trouuee cheuauchant
Auec vn valet d'Alemant)
Il deuint depuis Capitaine.
Mais pource qu'il volloit la laine
Il eust l'an suiuant son payement.
Car on le pendit iolyement
A vn poirier pour n'auoir cure
De luy faire vne sepulture,
Mais son bon pere le Curé
Luy fit dire vn Miserere.
Priez Dieu que luy ny son fils
N'entrent iamais en paradis.

Composé par vn bon pitault qui fut vollé trois fois en vn iour.

Vn ennemy de ce grand Erasme luy fit par despit ce vers, excusez s'il n'est bien faict selon la quantité, *Nam nos Britones non curamus quantitates syllabarum.*

Hic iacet Erasmus qui quondam bonus erat mus.

DES
Rodere qui solitus Roditur à vermibus.
Autre d'vn vsurier à la grande escarcelle :

Cy gist vn homme bien accort
S'il eust en fin trompé la mort
Aussi bien que pendant sa vie
Souz ombre d'vne preud'hommie
Il faisoit le deuotieux
En priant Dieu la larme aux yeux,
Et faisoit paroistre à chacun
Que des biens luy estoit tout vn.
Et neantmoins en ceste ville
N'y auoit homme plus habille
De donner tous les iours argent
A interest de cent pour cent.
Et sçauoit si bien contrefaire
La signature d'vn notaire,
Que iamais on ne vit decret
Auquel par vn subtil secret
Des premiers colloqué ne fust.
Or apres en fin il mourut,
Et laissant force argent contant,
Entre les mains d'vn ieune enfant,
Lequel aimeroit mieux se pendre
Qu'il ne trouue en quoy le despendre,
Car tousiours il dit aussi bien

Qu'apres

EPITAPHES. 217

Qu'apres sa mort il n'aura rien:
Que son pere estoit une beste
De se rompre pour luy la teste,
Qu'il gardera bien son enfant
D'en dire un iour de luy autant,
Vous autres qui par cy passez
Et qui tant d'escus amassez,
Priez Dieu pour ces bons vieux fous
A fin qu'on prie ainsi pour vous.

Ce suiuant fut trouué il y a enuiron quatre vingts ans au Cimetiere des Innocens en la ville d'Agde, sur vne damoiselle estampee nouuellement.

Bonne gens faictes à Dieu priere
Pour la fille d'une lingiere,
Qui par ses habits monstre, comme
Son pere estoit un gentilhomme.
Femme elle fut d'un sauetier
Qui depuis le fit officier,
Qui fut cause soudainement
Qu'elle changea d'accoustrement,
Et se fit damoiselle estrange
Enuiron le temps de vendange:
A fin de marcher ce dit-on
Premiere à la procession.
Apres, elle fut à la Cour.
Et quant elle fut de retour

Ee

Elle mourut fort pauurement
La veille de Caresmentrant,
L'an mil trois cens sans rien rabattre
Auec sept vingts soixante & quatre.

Autre d'vn qui mourut tout iuste, car il n'auoit plus que frire.

Cy gist vn vray gaulle bon temps
Qui a pris tous les passetemps
De la gueulle & de la brayette
Des ieux de carte & de renette.
Or il est mort tout iustement,
Car s'il eust vescu seulement
Iusqu'au soir ou au l'endemain,
Aussi bien fut-il mort de faim,
Si les pauures vont droict aux cieux
Ie pense qu'il est bien-heureux,
Car il estoit leger d'argent
Priez Dieu pour son sauuement.

En voicy vn Italien d'vn qui mourut sur s'amie.

Qui sepolto iace
Il qual morse, donde nasce.

Tu as l'Epitaphe de l'Aretin & de s'amie Magdaleine au dernier des cō-

ptes des Periers, de ceux imprimez chez Galliot du Pré, qui est digne de finir ce chapitre, & par consequent ce liure, Si ie voulois faire vn amas de to⁹ les Epitaphes que ie trouue beaux, il me faudroit faire prouision de vingt ou trente cayers de papier pour en recolliger vn liure gros comme vn Calepin, & faire comme Pontanus *libros Tumulorum.* Si tu en veux veoir plusieurs, tu as entre noz Poëtes modernes Marulle, Iean second, Politian, le Vezeleien, Flaminius, Nauageri⁹, Molsa, Lapridius, Cota, Sadoletus : parmy les œuures desquels y a de beaux Epitaphes. De tous lesquels l'on m'a rapporté qu'un ieune docte personnage en a colligé trois volumes, y comprins les non imprimez qu'il a peu rechercher. Le premier liure est des antiques monumens, Le second des vers, Et le tiers des François : Mais ie luy conseille d'adiouster vn quatriesme des

Ee ij

follastres Epitaphes, car ils seront aussi curieusement recherchez que les autres.

Ie te prie, Lecteur, prendre ce pendant de bonne part ce que ie t'ay icy ramassé, & pense que si ie voulois, i'ay assez de matiere au lieu de chasque chapitre de faire vn gros liure. Parquoy ne vas point pour te venter dire, ô i'en sçay bien de meilleurs, il n'a pas tout mis, Il a oublié cestuy-cy, cestuy-là. Car peut estre l'ay ie faict sciemment sachant bien que ce sont petites foliastries, & qu'en matiere de follies les meilleures sont les plus courtes.

Or apres icelle i'espere bien à la suyte de ces discours te faire paroistre de quelles viandes ie sçay traicter mes hostes. Ce pendant comme pour entree de table, ie te donne ces petites fricassees, ces pastez de chair hachee, & ces potages de marmite de College. Si ie cognois qu'ils te soient agreables, tu auras apres des viandes plus solides. A Dieu iusques au reuoir.

Hic fin du premier liure,
& pour cause.

LECTORI.
Fr. Iu. D.

Quidam suauis homo, elegansque mirum
  Lippis viderat hunc libellum ocellis,
Mox Censor nimium superbus, atra
  Expunxit macula sales venustos,
Quòd risu fluerent solutiore,
  Aureis polluerent quòd vt pudicas.
  Legisne scius ergo cominacis
Quæ marem vetat euirare sexum
(Formæ supplicium insolens decora)
Hunc castrauerat vndequaque librum.
Quæ licentia, quæ libido dicam
Non imponere fibulam iocosa,
Totum exscindere sed virum Priapo?
Illi quid precer imprecérue quod sit

juri conueniens & aequitati
vt pœna artificem suum sequatur,
Neque langueat ex vir, acriores
Cachinnos tolerans cupiuit amens
Seu languere opus situ auiratum.